Tania Schlie
Schreibende Paare

Tania Schlie

Schreibende Paare

Liebe & Literatur

Mit einem Vorwort von Nina George

Inhalt

Nina George
KOMPLIZEN DES WAHNSINNS
Vorwort 6

Tania Schlie
MITEINANDER ODER GEGENEINANDER?
Lebens- und Schreibpartner 18

Erstes Kapitel
DIE HÄLFTE VON … EIN LEBEN LANG
Joan Didion und John Gregory Dunn 28
Elizabeth Barrett Browning und Robert Browning 38
Lillian Hellman und Dashiell Hammett 46
Simone de Beauvoir und Jean-Paul Sartre 54
Veza Canetti und Elias Canetti 64

Zweites Kapitel
MEHR ALS ZWEI. LIEBE ÜBER KREUZ
Elsa Triolet und Louis Aragon 72
Claire und Iwan Goll und Paula Ludwig 82
Virginia und Leonard Woolf und Vita Sackville-West 90

Drittes Kapitel
NUR EIN SOMMER
Lee Harper und Truman Capote 102
Irmgard Keun und Joseph Roth 108
Georges Sand und Alfred de Musset 114

Viertes Kapitel
DIE FRAU VON ...
Martha Gellhorn und Ernest Hemingway 122
Sidonie-Gabrielle Colette und Henry Gauthier-Villars (Willy) 130
Elsa Morante und Alberto Moravia 138

Fünftes Kapitel
NICHT MIT DIR UND NICHT OHNE DICH
Sylvia Plath und Ted Hughes 146
Arthur Rimbaud und Paul Verlaine 152
Ingeborg Bachmann und Max Frisch 156
Zelda und F. Scott Fitzgerald 162

Sechstes Kapitel
UNGLEICHGEWICHTE
Carson und James Reeves McCullers 172
Lou Andreas-Salomé und Rainer Maria Rilke 178
Bettine und Achim von Arnim 184
Bertolt Brecht und seine Frauen 188
Clara und André Malraux 198

Siebtes Kapitel
IST HEUTE ALLES ANDERS? MODERNE PAARE
Paul Auster und Siri Hustvedt 208
Kathryn Chetkovich und Jonathan Franzen 216
Jessica Durlacher und Leon de Winter 222
Anka Muhlstein und Louis Begley 228
Nicole Krauss und Jonathan Safran Foer 234

Ausgewählte Literatur 238

Nina George

Komplizen des Wahnsinns

Vorwort

Nina George

Komplizen des Wahnsinns

Vorwort

Viertes Kapitel
DIE FRAU VON …
Martha Gellhorn und Ernest Hemingway 122
Sidonie-Gabrielle Colette und Henry Gauthier-Villars (Willy) 130
Elsa Morante und Alberto Moravia 138

Fünftes Kapitel
NICHT MIT DIR UND NICHT OHNE DICH
Sylvia Plath und Ted Hughes 146
Arthur Rimbaud und Paul Verlaine 152
Ingeborg Bachmann und Max Frisch 156
Zelda und F. Scott Fitzgerald 162

Sechstes Kapitel
UNGLEICHGEWICHTE
Carson und James Reeves McCullers 172
Lou Andreas-Salomé und Rainer Maria Rilke 178
Bettine und Achim von Arnim 184
Bertolt Brecht und seine Frauen 188
Clara und André Malraux 198

Siebtes Kapitel
IST HEUTE ALLES ANDERS? MODERNE PAARE
Paul Auster und Siri Hustvedt 208
Kathryn Chetkovich und Jonathan Franzen 216
Jessica Durlacher und Leon de Winter 222
Anka Muhlstein und Louis Begley 228
Nicole Krauss und Jonathan Safran Foer 234

Ausgewählte Literatur 238

Ich wollte nie heiraten. Schon gar nicht einen Schriftsteller. Sich die Konkurrenz ins Bett zu holen, na, schönen Dank auch. Und am Ende serviere ich ihm Tee und putze die Tassenränder vom Diktatoren-Schreibtisch weg, während Monsieur sich vor dem Kamin mit seinen ebenso schreibenden Herrenfreunden über die durch das Schreiben beziehungsweise vor allem Nicht-Schreiben produzierten Seelennöte auslässt.

Oft genug hatte ich von Ehen mit jeglicher Sorte Künstlern gehört, in denen sich alsbald die Gattin, ganz gleich wie talentiert, erfolgreich oder feministisch sie sein mochte, unaufhaltsam in ein treusorgendes, pragmatisches Beta-Weibchen verwandelte, das dem kreativen Weltenschöpfer und schaffensfreudigen Alpha-Geist den schnöden Alltag fernhält. Ein Richard Wagner hat genauso wenig den Müll rausgebracht wie ein Josef Beuys Toilettenpapier gekauft, und es mag wohl auch einem Maxim Biller kaum zuzumuten sein, das Flusensieb des Wäschetrockners zu säubern.

Selbst Autoren jenseits der minimalen Bekanntheitsgrenze betonen in den Nachworten ihrer Werke gern die Hingabe ihrer weiblichen Haushaltsführung. Sie bedanken sich für »Geduld« beim rücksichtsvollen, weil laut- und forderungslosen Umgang mit der Schreiberseele, entschuldigen sich halbherzig für den Totalrückzug aus jeglichem Familienleben und behaupten: »Ohne sie hätte ich das nie geschafft.« Was die Dienerin des Herrn überzeugt, dass sie sich selbst weiterhin vergessen muss, um seine Schaffenskraft bloß nicht zu gefährden.

So was wollte ich auf gar keinen Fall.

Dann traf ich beim Tai-Chi diesen Typen in roten Turnhosen. Er verriet mir seinen Beruf erst, als ich bereits unter verliebter Schnellherzigkeit litt. Inzwischen bin ich seit zehn Jahren Teil eines Autorenpaares.

Mich hatte es also auch erwischt.

Nur ganz anders, als ich befürchtet hatte.

MIT EINEM SCHRIFTSTELLER ÜBER DAS SCHREIBEN ZU REDEN IST INTIMER ALS SEX

Mehr noch als jeder handelsübliche Mann sind Künstler Rundum-Sorgen-Pakete. Alles ist extremer an ihnen – der Zweifel, die Arbeitsmanie, die Leidenschaft, die Freude. Die Täler einsam wie nachtdunkle Canyons, die Höhen berauschender als der Himalaja. Sie sind suchtgefährdet, unfassbar mitreißend, lieben Gewohnheiten (vor allem die schlechten), aber hassen Konventionen (so was wie regelmäßig terminierte Mahlzeiten oder Verabredungen einhalten). Schriftsteller sind wortgewandt, meist schamlos und direkt – reinste Vibratoren fürs Gehirn. Diese kraftvolle Lebenslust jenseits üblichen Verhaltens macht ihre erotische Anziehungskraft aus, ihre Abkehr von *nine-to-five*-Abläufen bedingt aber gleichermaßen die Unmöglichkeit, mit ihnen ein einigermaßen unfallfreies Leben zu führen. Jeder Tag ist anders, und was einen Schriftsteller gestern begeistert hat, zu schreiben, ist heute völliger Mist. Morgen ist er Gott und erfindet Welten, frei und hemmungslos, übermorgen ist er frustrierter Sklave, der vor den abertausend Arbeitsstunden zurückweicht, die vor ihm liegen und im Zweifel weder Geld noch Ruhm noch Spaß bringen.

Gemacht werden muss es trotzdem. Schreiben ist Atmen, wenn auch oft genug vergiftete Luft.

Kommt eine weibliche Kunstschaffende hinzu, verdoppeln sich diese Extreme nicht nur – sie potenzieren und beeinflussen sich auf eine Weise, die kaum etwas gemein hat mit der Dynamik einer nicht-künstlerischen Paarbeziehung. Salopp gesagt: Packen Sie zwei emotionale Psychos mit narzisstischem Syndrom und gnadenlosen Waffen von Rhetorik und Drama in einen Raum – und Sie haben Ihren Teil zur allgemeinen Apokalypse beigetragen.

Emotionale Stürme, egomanische Persönlichkeiten, kreative Höhenflüge, kommunikative Rede-Explosionen, bockloser Rückzug, Anfälle von liebreizender Süße, die an ein Diabetes-Attentat erinnern; all das gepaart mit – hier passt dieses Verb perfekt – destruktiven Eigenschaften: Alkoholsucht, Narzissmus, unregelmäßige Ernährung, Sportunlust oder die Dauer-Unruhe der Künstler.

Martha Gellhorn und Ernest Hemingway.

Diese Melange kann die Beteiligten entweder zerstören (so wie es oft bei Schauspieler-Ehen geschieht) – oder zu schöpferischen Leistungen treiben, die jeder allein so nicht erreicht hätte.

Inzwischen weiß ich, wovon ich rede. Und zwar in beide Richtungen: aufwärts und abwärts.

Künstlerpersönlichkeiten kennen naturgemäß wenig Zurückhaltung und verkaufen für eine gute Punch-Line schon mal Anstand und Großmutter. Ebenso beherrschen sie alle schmutzigen Tricks aus der Emotionsschublade. Wenn es weh tut, dann richtig. Aber wenn es guttut, dann wie bei sonst keinem anderen.

DIE ARBEIT ALS ERSTER LIEBHABER

Unser Flirt bestand darin, uns gegenseitig zu verschlingen – unsere geschriebenen Werke. Zeigst du mir deins, zeig ich dir meins: Das Sprechen über unsere Ideen, Texte, gelesenen Bücher, Kritiken, über das Schreiben und das Nicht-Schreiben stellte in den ersten Wochen eine solch intime Nähe,

Elsa Triolet und Louis Aragon.

Vertrautheit und Verschworenheit her, wie ich sie zuvor in meinen kürzeren und längeren Beziehungen nie empfunden hatte.

In Beziehungen mit »Zivilisten«, wie ich sie nenne, oder »Muggels«, wie Jens die »nicht-magischen« Menschen frei nach Rowling bezeichnet, war ich zuvor das einzige vor sich hin erschaffende Wesen. Ein Solitär, mit dem Mann sich nach außen durchaus gern schmückte: »Meine Freundin schreibt erfolgreiche Bücher und Kolumnen im *Abendblatt*«. Das oft geäußerte Mitleid von Geschlechtsgenossen – »Echt, sie schreibt? Hast du denn überhaupt was zu sagen zu Hause?« – nahmen Jens' Vorgänger feixend entgegen.

Künstlerfrauen werden oft als Zumutung, Künstlermänner als Bereicherung empfunden.

Das Ergebnis des Schreibens war zwar irgendwie sexy, aber mein Schreibprozess einigermaßen störend für eine bequeme, übersichtliche Paar-Gestaltung. Ich war einfach nicht Haushälterin genug, sondern eine ständige emotionale Wundertüte, und stellte meine Arbeit zudem an die erste Stelle meiner Lebensprioritäten.

Ja, meine Arbeit ist mein erster Liebhaber.

Denn wer bin ich, wenn ich nicht schreibe, denke, schreibe, fühle, schreibe? Ich bin gar nicht da.

Aber dann Jens. Wir nahmen uns gegenseitig in erster Linie als Autorin und als Autor wahr. Erst in zweiter als Frau und Mann. Und, ja, das ist ein Unterschied: Ich fühlte mich nie zuvor so anerkannt in meinem tatsächlichen Sein wie von einem Schriftsteller, der mich als Schriftstellerin sah. Und der alles, was ich bin und tue, von dieser Basis aus einordnet. Oder, anders gesagt: Jens versteht das, was andere rätselhaft, anstrengend, egoman finden, als ganz normale Verhaltensweisen. Kein Grund, nervös zu werden.

Ich war endlich zuhause. Ich wurde endlich wirklich gesehen.

Ich hatte einen Komplizen meines Wahnsinns gefunden.

Und jetzt? Was fing ich nun damit an?

WENN AUS ZWEI ICHS EIN WIR WIRD: DER STREIT ALS BASIS DER LIEBE

Wenn ich auf Lesungen erzähle, dass wir einander beraten in Ideenfindung, einander kritisch-liebevolle Erstlesende unserer Eigenwerke sind, und noch gemeinsam die Jean-Bagnol-Krimis schreiben – da reagieren neunundneunzig Prozent der anwesenden (verheirateten) Frauen und Männer fassungslos bis entsetzt. Wie, mit dem eigenen Mann zusammenarbeiten?! Wie könne ich das nur? Wie könne ER das nur? Wie nur überlebe das unsere Ehe und unser beider Nervenkostüm?

Ich habe über dieses spontane, unverfälschte Entsetzen viel nachgedacht. Instinktiv wittern sogar Nicht-Berufskunstschaffende das Schlacht- und Minenfeld bei der Kombination Liebe/Arbeit im Berufskünstlerleben.

Und wissen Sie was?

Sie haben Recht. Ich fetze mich nie so oft mit meinem Mann wie während der gemeinsamen Bagnol-Arbeitsmonate.

Und gleichzeitig komme ich ihm, mir, uns dabei so nah wie nie zuvor.

Das normale Konfliktpotential einer handelsüblichen Ehe ist ja schon hoch genug. Einrichtung, Ernährung, Erziehung. Dazu normales Hierarchiegezänk um Geld, Besserwisserei oder Fernsehzeiten.

Zusammenzuarbeiten, das habe ich bei meinen Eltern – Gastronomen – seit meiner Geburt erlebt, eröffnet noch mal so viele starke, hitzige Konfliktherde. Und das zu jeder Tages- und Nachtzeit.

Arbeitet der andere so viel wie ich? Ist er oder sie beliebter bei der Kundschaft? Bekomme ich dieselbe Anerkennung wie er? Geht sie mit dem gemeinsam erschufteten Geld sorgsam genug um? Wer stützt wen unter Druck und ist deshalb weniger entspannt, wer neidet dem anderen die ruhige Minute allein im Schaumbad?

Ganz davon abgesehen kann man ein gemeinsam erarbeitetes Geschäft, ob Kneipe, Krimiserie oder Kitesurferschule, nicht einfach so kündigen.

Es gibt mannigfaltige Abgründe, in die ein Arbeitspaar stolpern kann.

Auch wir setzten zu Beginn unserer Zusammenarbeit an den Bagnol-Krimis unsere Liebe jeden Tag auf Spiel und riskierten, dass sie uns zwischen

Plotdebatten, Figurengerangel, Erfolgsvergleichen und Ideenduellen verloren ging. Aufgerieben zwischen Rechthaberei und emotional unterlegten Meinungsverschiedenheiten, wo es dann längst nicht mehr um die Story ging, sondern um ungeheilte Verletzungen aus dem privaten Teil der Ehe!

»Nie machst du ...«

»Immer bist du ...«

Wie beim Tango Argentino enttarnte sich in dem Wagnis der gemeinsamen (künstlerischen) Arbeit, mit was wir zwei Liebenden unzufrieden waren in der Beziehung, was wir dem anderen insgeheim vorwarfen, und wovor wir uns am meisten fürchteten.

Jetzt die gute Nachricht: Gleichzeitig macht die gemeinsame Arbeit einen unbedingt lösungsorientierten Umgang und eine hohe Akzeptanz der Eigenheiten des Gegenübers unabdingbar.

Wer als Ehepartner zusammenarbeitet, kann es sich nicht leisten, Konflikte unabgeschlossen zu lassen. Es kann nicht über Neid, Vergleichsangst, Konkurrenzempfinden hinweg schweigen. Es muss Wege suchen, sprechen, sich umeinander bemühen, um nicht auf breiter Basis zu scheitern – beruflich und privat.

Und genau da liegt die Chance, sich einander als Liebende zu nähern, wirklich intim miteinander zu werden, eine geradezu eiserne Partnerschaft zu bilden, wie man es ohne das irrige, wahnsinnige, abenteuerliche Wagnis gemeinsamen Schaffens nie erreicht!

Als wir uns entschieden hatten, als Paar die ultimative Verschmelzung von zwei Ichs in ein kreatives Wir zu wagen, lösten sich alle Grenzen der Autonomie erst einmal auf. Die Trennung von Berufszeit und Freizeit, von Arbeitszeit und Erholungszeit, von Distanz und Nähe. Konkret hieß das: Es gab keinen Feierabend mehr. Weder vom Job noch der Liebe.

Beim ersten Bagnol schrammten wir Neulinge in soviel »Wir«-Welt natürlich an der Scheidung entlang. Das war alles ein bisschen zu nah; er tippte zu laut und fasste Texte noch mal an, an die ich bereits ein Häkchen gesetzt hatte. Ich kürzte seine Lieblingsstellen weg und wurde nervös, wenn er länger als neun Seiten am Kapitel schrieb.

Erst am Ende, nach einem Jahr Geschrei und Wut, nach zahllosen Gesprächen über Kompromisse, Lösungen und erneuten Streits, hatten wir etwas sehr, sehr Erstaunliches begriffen: Unsere Liebe und Kreativität war stark genug, um jeden, wirklich jeden verdammten Streit zu überleben. Wir hatten nun auch die Rückseiten unserer Persönlichkeiten kennengelernt; die boshaften, launischen, trotzigen, kindlichen. Welche Freiheit hatten wir uns versehentlich damit erobert! Wir hatten einander jetzt alles offenbart – und mochten uns immer noch.

Nicole Krauss und Jonathan Safran Foer.

Das war vermutlich das größte und überraschendste Geschenk.

Dennoch, auch um unsere und die Nerven der Nachbarn zu schonen, stellten wir drei einfache Regeln auf.

- Keiner von uns beiden hat das letzte Wort. Sondern die Geschichte hat immer Recht. Ideen dürfen deshalb kritisiert und debattiert werden und Geschriebenes wieder und wieder umgeworfen, egal durch wen. Eine Ablehnung ist keine Ablehnung der Person und der künstlerischen Fähigkeit. Was für die Geschichte gut ist, bleibt.
- Wegrennen gilt nicht. Keiner verlässt während eines Streits das Zimmer. Auch nicht, um aufs Klo zu gehen.
- Erlaubt ist ab jetzt nur noch ein Geschirrbruch pro Buch.

DIE KUNST, IN EINEM KOPF ZU ZWEIT SPAZIEREN ZU GEHEN

Schöpferische Prozesse sind bis heute weniger erforscht als die Rückseite des Mondes. Inwieweit Emotionen, Liebe, Streit, Frühstücksmüsli oder Duftkerzen auf das Kunstschaffen Einfluss haben oder nicht, ist völlig unklar. Auch das Schreiben steht auf einem Fundament, das niemand so richtig erklären kann. Es kann sein, dass das Rezept für literarische Höchstleistungen beim einen das eigene Unglück ist, beim nächsten lecker Alkohol und beim übernächsten warme Füße.

Bertolt Brecht und Ruth Berlau.

Wir wissen nicht immer, was uns hemmt oder was uns antreibt.

Wieso also gehen Schreibende miteinander so um, dass sie sich so gut wie möglich animieren, inspirieren, motivieren?

Wir schreiben inzwischen die Bagnols so, wie wir auch zusammen Tango Argentino tanzen.

Tango Argentino ist eine Tanzweise, in der es nur scheinbar klare Hierarchien gibt: Führender und Folgende. Wer den Tanz kennt, weiß jedoch, dass das Paar eine gemeinsame Gestaltungsaufgabe hat. Vorschlag und Interpretation, Angebot und Annahme, zu einer Bewegung verführen – und sie nach eigenem Willen ausmalen. Er hat seinen und sie ihren eigenen Part.

So ähnlich »tanzen« wir unsere gemeinsame Arbeit – mit allen Nebenwirkungen …

- Jeder hat eigene Parts, für die nur er verantwortlich ist. Das Figuren-Ensemble ist aufgeteilt (ich der Polizeiapparat und die Reporter, er die Katzen, Liebhaber und Verbrecher). Jens schreibt Dialoge, entwickelt die Psychologie der Täter und baut die Dramaturgie; ich bin für Folklore, Philosophie, emotionale Ausbrüche und den Sex zuständig.
- Wir pflegen unsere »dritte Stimme«. Zu Beginn schreibt jeder, wie er will, dann tauschen und überarbeiten, schleifen und verbessern wir den Text, bis die Schichten so miteinander verbunden sind, dass aus seiner und meiner literarischen Erzählstimme eine dritte entstanden ist.
- Es geht nichts über einen Plan. So sehr wir uns lieben und mitunter ohne Worte verstehen – einfach losschreiben und abwechseln, das vermögen wir nicht. Unsere Zeit des Plottings, während der wir über die Morde, ihre emotionalen, psychologischen und logischen Hintergründe debattieren, während der wir die Entwicklungen der Figuren besprechen, recherchieren, Ende, Anfang und die größten Konfliktmomente festlegen, beträgt zwei bis drei Monate. Erst wenn wir das Ende kennen, beginnen wir.

Tania Schlie

Miteinander oder gegeneinander?

Lebens- und Schreibpartner

bei uns ein Wendepunkt der Ehe. Ja, wir beide lieben das Schreiben und würden es weder tauschen noch für eine Partnerschaft zurücklassen.

Gleichermaßen erschüttert über die Beichte, an Platz Zwei auf der Prio-Liste des Ehegatten zu stehen, und gleichsam entzückt, dass es ihm ging wie mir, wuchsen wir noch ein wenig mehr zusammen. Wie gesagt: Komplizen im Wahnsinn, vereint in der Hörigkeit der Kunst.

Harper Lee und Truman Capote haben sich gegenseitig angesteckt mit Ideen, Bertolt Brecht hatte seine dienstbaren Teekocherinnen, und mitunter verflüssigen sich auch die Grenzen, wer wem Muse ist, wer wem Lektorin, wer wem Coach oder Rückenfreihalterin.

Am allermeisten jedoch fand ich uns wieder in der Ehe- und Schreibpartnerschaft von Joan Didion und John Gregory Dunne. Oder vielmehr: dem zweiten (schreibenden) Rückgrat. Ich habe *Das Jahr magischen Denkens* sicher fünfmal gelesen.

Und das ist vielleicht manchmal meine größte Angst: weiter zu leben, wenn er nicht mehr lebt, weiter zu schreiben, ohne mein zweites Rückgrat zu haben, ohne den, der mich kennt und versteht, der mein Denken und Schreiben und damit mich kennt, den einzigen wahrhaftigen Zeugen meines ganzen Seins.

Wenn es kein Wir mehr gibt – kann ich dann noch alleine bestehen?

PS: Der Entwurf ist fertig. Natürlich gebe ich ihn als erstes meinem Co-Autor, um ihn zu beurteilen.

John Gregory Dunn und Joan Didion.

wesentlich ist, passiert im Kopf, wozu also braucht man einen flachen Bauch?! Künstlerpaare, die sich selbst genügen, die lustvoll im eigenen Saft schmoren, sich wie zwei glückliche Kinder im eigenen Sandkasten von der Welt verschließen, können in solchen Versumpfungsmomenten großartige Werke produzieren. Doch man kann nicht die ganze Zeit wie Henry Miller oder Charles Bukowksi im Extrem verweilen, ohne seine Schaffenskraft zu verlieren – sich bei aller Exzentrizität auch gegenseitig in die Normalität zurückzuholen, muss ein Schreibpaar beherrschen. Wir sind manische Menschen, suchtgefährdet und grenzenlos. Wir können gemeinsam noch schlimmer scheitern als allein.

SCHREIBENDE PAARE: OHNE DICH BIN ICH NICHT

Als ich das Manuskript von Tania Schlie erhielt, um mein Vorwort zu schreiben, erkannte ich in nahezu allen Paaren Jens und mich wieder. Inklusive der Probleme, die nicht immer selbstgemacht sind. Künstlerpaare müssen »schussfest« sein, müssen sich auf eine Betrachtung von außen gefasst machen, die nicht nur Werk und Kontext begutachtet, sondern auch immer wieder die Paarbeziehung seziert. Wie oft wurde ich von hinterlistig lächelnden Moderatorinnen gefragt, ob mein Mann »neidisch« auf meinen *Lavendelzimmer*-Erfolg sei. Herrje – natürlich! Und mehr noch freute er sich unbändig, weil ich die Frau bin, die er liebt, und die Schriftstellerin, von der er weiß, wie hart sie gearbeitet hat. Und er ist der Mann, ohne den ich meine Bücher so gut nicht schreiben würde. Doch wie das jemandem erklären, der Ehepaare mehr als natürliche Fressfeinde anstatt als Team sieht?

Damit müssen Schreibpaare immer rechnen, wer besser, medial präsenter rezipiert wird, gleichsam mit der vom Feuilleton genussvoll-hämisch debattierten Frage: »Wer ist der Bessere?« Hustvedt oder Auster, Franzen oder Chetkovich? Das muss man sich erst mal gefallen lassen können, dass fremde Leute einem die spitzen Dornen der Rivalität unters gemeinsame Laken schieben.

Doch auch die Beziehung von Beauvoir und Sartre klingt in uns als Echo. »Braucht man das Schreiben mehr als die Liebe?« Die Antwort darauf war

- Reden hilft! Um »gemeinsam in einem Kopf spazieren zu gehen«, wie es eine Schauspielerfreundin mal sagte, mussten wir uns auf eine gemeinsame Sprache über das Schreiben einigen. Meinten wir dieselbe Wut, wenn wir sie einer unserer Figuren andichteten? Meinten wir denselben Alltagsrassismus, dieselbe Verzweiflung? Welche Provence hatte er im Kopf, wenn er unsere Figuren sich darin bewegen ließ, und welche ich?
- Wir lernten durch die Augen des anderen zu sehen, lernten, mit seinen Ohren zu hören, mit seinem Körper zu fühlen. Das sind die besten Momente des gemeinsamen Schaffens, das vermutlich auch einige der in diesem Buch beschriebenen Paare erlebten: die nahezu erotische Lust, im anderen aufzugehen und sich ihm rückhaltlos zu zeigen. Wir stellten einander in den Mittelpunkt – für narzisstische Geschöpfe wie Schriftsteller eine legale Droge.
- Was kannst du besser als ich? Wir beide schreiben als Solisten und das bereits seit fünfundzwanzig (ich) und achtzehn (Jens) Jahren. Wir wissen, dass wir nicht jede erzählerische Fertigkeit gleichermaßen beherrschen und erkennen am anderen genau die Stärken und Schwächen. So kann der eine das reparieren, was der andere nicht nahtlos schuf.
- Unser kreativer Schub ist Bewegung. Wir reisen, und während wir die Welt reisend erfahren, bilden sich neue Ideen aus. Wir reden und reisen, gleichen Beobachtungen ab, schulen dabei ganz nebenbei unsere »dritte Stimme« und unsere Sprache über das Schreiben.
- Wir sind einander Wächter der Kunst. Wie rasch man als Solist der Angst anheimfällt, man müsse nur dem Markt nachjagen, um endlich Erfolg und Existenzsicherung zu erreichen! Davon halten wir uns – inzwischen! – ab: Wir wollen keine marktdressierten Literaturmaschinen sein. Die Ermutigung, die von einem renitenten Geist ausgeht, der einen antreibt, das Beste aus sich selbst zu holen, anstatt dem »Besten« auf der Bestsellerliste hinterher zu schreiben, ist ein Liebesdienst, den nicht nur liebende Schreibpaare einander immer wieder geben können. Wer weiß, wieviele durch Zivilisten, Muggels und andere Literatureifersüchtige gehemmte Schreibende es gibt, deren Genius ohne Komplizen verkümmert?
- Wir verlottern zusammen. Wein. Schokolade. Kein Sport. Alles, was

Man wird niemals von der einen Hälfte des Paares sprechen, ohne gleichzeitig von der anderen zu sprechen. Dieser Satz trifft auf viele schreibende Paare zu. Wenn wir Sartre sagen, meinen wir auch Beauvoir. Wenn wir Zelda sagen, meinen wir auch Scott Fitzgerald, sagen wir Elsa Morante, denken wir Alberto Moravia gleich mit.

Schriftsteller-Paare seien die Pest, sagte Elsa Morante. Dieser Meinung darf sie sein. Das Zusammenleben dieser Paare bietet aber für uns Lesende ein buntes Theater. Ein Paar, ein Mann und eine Frau. Es dürfen auch zwei Männer oder zwei Frauen sein. Sie leben miteinander, und beide schreiben. Sie teilen Bett und Schreibtisch. Sie sind Lebens- und Schreibpartner.

Es gibt unendlich viele Möglichkeiten, wie dieses besondere Verhältnis aussehen kann: Das Paar ist auf derselben Wellenlänge. Der oder die eine wacht, inspiriert, behütet, berät, regt an, korrigiert, tröstet ... Der oder die eine ist für den anderen oder die andere Erzengel, Lektor, Liebe, Doppelgänger, Begleiter, Bruder oder Schwester, Spiegel ... Die Beziehung zwischen zwei Schreibenden kann Liebe, Leidenschaft, Freundschaft, Kampf, Rivalität bedeuten, sie kann fördern und bestätigen oder erdrücken und zur Gefahr werden. Manchmal ist der oder die andere nah, viel zu nah, unerträglich nah, erstickend durch zu großes Interesse, durch gutgemeinte Ratschläge, durch literarischen Erfolg, von dem zu gern geglaubt wird, er würde den eigenen verhindern.

WER DABEI IST UND WER NICHT

Um schreibende Paare geht es in diesem Buch, knapp dreißig werden vorgestellt. Schreibende Paare, das bedeutet einige Einschränkungen: Zum ersten fallen andere kunstschaffende Paare heraus: Maler wie Frida Kahlo und Diego Rivera, Bildhauer wie Camille Claudel und Auguste Rodin, Bühnenkünstler wie Jean Marais und Jean Cocteau. Zum zweiten müssen beide schreiben, beide veröffentlichen. Bis auf ein Paar, nämlich Carson McCullers und ihren Mann James Reeves, trifft das auf alle in diesem Buch zu. Beide Teile des Paars sind unabhängig voneinander als Schreibende bekannt geworden, nicht der eine nur durch die Verbindung mit dem anderen. Die Beziehung zwischen der Muse und dem tätigen Meister fällt also ebenfalls heraus. Deshalb fehlen hier neben vielen anderen Martha und Lion Feuchtwanger, obwohl Martha wichtigste Mitarbeiterin des Schriftstellers war und seine Texte tippte, erste Zuhörerin und Leserin und zunehmend auch Kommentatorin war. Erst nach Lions Tod begann sie selbst zu schreiben: ihre Memoiren.

Scott und Zelda Fitzgerald.

Ebenso wenig aufgenommen wurden Paare, die nur gemeinsam ein Autor sind wie Fruttero & Lucentini oder Anne Hertz (Frauke Scheunemann und Wiebke Lorenz). Und noch eine Einschränkung: Das Buch meint keine Paare *in* der Literatur, nicht Romeo und Julia! Sondern lebendige Paare aus Fleisch und Blut, die auch im Leben eine Beziehung führten. Das muss natürlich nicht unbedingt eine Ehe gewesen sein.

Ted Hughes und Sylvia Plath.

Der Begriff des Schreibens ist allerdings weit gefasst – es geht um Romane und Kurzgeschichten, aber auch um Essays, Kolumnen und Kritiken, auch Texte, die nicht primär zur Veröffentlichung gedacht waren wie Briefe und Tagebücher.

Allerdings geht es in dem vorliegenden Buch nicht um Bücher oder andere Texte, in welcher Form auch immer, sondern um ihre Entstehung im Rahmen einer Partnerschaft. Die Recherche konzentrierte sich eher auf Interviews, auf Reportagen *über* die Autoren, auf Autobiografisches und Briefe als auf ihre Bücher. Der Fokus richtet sich, flapsig formuliert, eher auf das Bett als auf den Schreibtisch, auf das private Leben neben dem Schreiben, auf den Alltag eines schreibenden Paares.

Das führt zur nächsten Frage, ob und inwiefern dieser Alltag Einfluss auf das Schreiben hat. Nicht immer geben Schriftsteller hier bereitwillig Auskunft. Viele mögen es nicht, wenn in ihrem Privatleben herumgeforscht wird. Virginia Woolf war so eine, auch Elsa Morante, die meinte, das Privatleben eines Schriftstellers sei Tratsch, und Tratsch würde sie beleidigen. Wir mögen uns fragen, ob ein Blick ins private Leben eines Autors oder einer Autorin gerechtfertigt ist oder ob er vom Text ablenkt. Darüber ist viel gestritten worden. Ich halte die Frage nach dem Schreiballtag, nach der Biographie, nach dem Zusammenleben mit einem Partner, der auch schreibt, für legitim.

Nicht wenige Autoren setzen Schreiben mit Leben gleich. Der Alltag wirkt in das Schreiben hinein.

Betrachten wir das Leben schreibender Paare, so ist der Skandal oft nicht weit. Wenn durch einen – zugegeben manchmal voyeuristischen – Blick die Neugierde der Leser auf den Text geweckt wird – umso besser.

EIN WEIBLICHER BLICK

Mein Hauptaugenmerk liegt vor allem auf dem weiblichen Part, der Standpunkt ist der der weiblichen Solidarität. Das passierte ganz automatisch und ist mir erst während der Arbeit deutlich geworden. Ich habe mich gefragt, warum das so ist. Warum gehe ich davon aus, dass die Frauen die Schwächeren in einer kreativen Partnerschaft sind? Einiges spricht für diese Annahme: Frauen werden eher als Musen ihrer Männer gesehen, als »Frau von ...«, als Frau an seiner Seite, sogar wenn sie – wie Elsa Aragon – einen wichtigen Literaturpreis bekommen und der Ehemann nicht. Frauen gelten oft nicht als eigenständig kreativ. Sie werden seltener rezensiert, bekommen weniger Preise. Sie verdienen weniger Geld und müssen neben ihrer Schreibarbeit immer noch den größten Teil von allem anderen erledigen: Kinder, Haushalt, soziales Leben.

Es kommt immer noch vor, dass Frauen nicht als *Schriftstellerin*, sondern als Schriftsteller*in* wahrgenommen werden. Dass sie als Frauen schreiben, macht sie offensichtlich in den Augen der Mehrheit zu etwas Besonderem, zu etwas Anderem, sie weichen von der Norm ab. Auch wenn der Begriff »Frauenroman« inzwischen hinterfragt und abgelehnt wird und wenn eine Buchrei-

Jessica Durlacher und Leon de Winter.

he, die sich »Die Frau in der Literatur« nannte, nicht mehr besteht. Schreibende Paare, das ist »ein Thema, bei dem das feministische Lamento so nahe liegt«, schrieb die Literaturwissenschaftlerin Hannelore Schlaffer über Gerda Markos Buch zum Thema. Ich bin mir der Gefahr bewusst.

Siri Hustvedt und Paul Auster.

EIN SOMMER ODER EIN GANZES LEBEN?

Die Untersuchung konzentriert sich auf den Lebensabschnitt, den ein schreibendes Paar gemeinsam verbracht hat. Der dauerte manchmal nur einen Sommer, manchmal ein ganzes Leben.

Da sind zwei Schreibende. Eine Idee, ein Thema kommt auf sie zu. Wer hat das Recht, es zu bearbeiten, wer ist der erste, der es literarisch umsetzt? Und was macht der andere Teil, der zu spät kommt? Der Lackmustest einer auch literarischen Partnerschaft ist der Erfolg. Was passiert, wenn der eine Teil erfolgreicher ist? Wenn die Bücher sich gut verkaufen, positiv besprochen werden? Wenn der Autor oder die Autorin in aller Munde ist, bewundert wird, viel Geld verdient und Preise bekommt? Was macht das mit der Hälfte, die nicht so viel Erfolg hat? Freut sie sich mit oder ist sie eifersüchtig? Hat sie eventuell zum Erfolg beigetragen, weil sie den Text durchgesprochen, weil sie die Idee dazu gegeben hat? Und ist der oder die Erfolgreiche bereit, das genauso zu sehen? Was für einen Druck baut das auf, einen Partner zu haben, dessen Bücher auf der Bestsellerliste stehen?

Der zweite Test für eine schreibende Partnerschaft ist der gewöhnliche Alltag: das gemeinsame Schlafzimmer, das gemeinsame Bad mit der fremden Zahnbürste und den Socken auf dem Fußboden, der vollgekrümelte Küchentisch mit der dreckigen Tasse. Wer macht den Abwasch? Wer kauft ein? Wer hat welchen Tagesrhythmus? Wer liebt die Ordnung, legt die Zeitung immer zusammen, und wer lässt alles hinter sich liegen und fühlt sich im nonchalanten Chaos wohl? Und wie geht das zusammen?

Das gilt natürlich auch für alle anderen Paare, auch diejenigen mit demselben Beruf. Dennoch gelten für das schreibende Paar besondere Bedingungen: Zum Schreiben muss man (und frau auch) allein sein, und Schriftsteller gehen normalerweise zum Arbeiten nicht aus dem Haus. Wer kennt nicht die Tyrannei eines Thomas Mann oder eines André Malraux, die auf absoluter Ruhe bestanden und lärmende Kinder nicht duldeten? Beim Schreiben stören die Partner, auch wenn wir sie lieben. Aber wie ist das, wenn ein Haus, eine Wohnung, Tisch und Bett und Bad miteinander geteilt werden müssen? Wie findet man dann zu seiner Ungestörtheit? Ist es nicht ein unerhörtes Risiko, sich unter solchen Bedingungen zusammenzufinden?

Es herrscht eine »gewünschte, aber unerträgliche Nähe« (Gerda Marko). Arbeits- und Lebensraum sind nur selten voneinander getrennt. Man will zusammen sein, braucht aber die Distanz, um kreativ zu sein. Wie fühlt sich das an, wenn man den anderen unermüdlich auf seiner Schreibmaschine klappern hört, während man selbst Panik vor der leeren Seite hat? Wie lange dauert es, bis dieses Gefühl in Wut auf den Partner umschlägt?

Und wann darf der andere den eigenen Text lesen? Zeigt man jeden Abend das Geschriebene, akzeptiert man die Kritik und gibt sich und seinen Text preis? Oder darf der Partner erst das fertige, gedruckte Buch lesen, wenn nichts mehr zu ändern ist?

VOLLER NEUGIER AUF DAS NEUE

Schreibende Paare: Jedes von ihnen ist anders als alle anderen. Und dennoch galt es in diesem Buch, sie zu bündeln, sie in thematische Kapitel zusammenzufassen. Einige Paare hätten genauso gut in ein anderes Kapitel gepasst. Und es gibt viele schreibende Paare, die hier fehlen: Anais Nin und Henry Miller, Christa und Gerhard Wolf, Paul und Jane Bowles, Maxie und Fred Wander, Friederike Mayröcker und Ernst Jandl, Sophie Mereau und Clemens Brentano, Dave Eggers und Vendela Vida ... Ich wage die These, dass sie alle Ähnlichkeiten mit den hier vorgestellten Paaren aufweisen.

Haben alle der hier vorgestellten Autoren uns heute noch etwas zu sagen? Wenn eine schreibende Kollegin fragt, ob sie Cole Porter oder Edith

Piaf in ihren Romanen erklären muss, gilt das dann auch für Aragon oder Colette? Jeder Leser wird doch einige der in diesem Buch vorgestellten Autoren kennen. Und hoffentlich auf die anderen neugierig werden. Ihre Leben sind vielfach exemplarisch, voller Abenteuer, voller Neugierde auf das Neue, Unbekannte. Voller Leidenschaft und Gier auf das Leben. Viele dieser schreibenden Paare stehen für eine bestimmte Zeit und das Verhältnis, in dem Frauen und Männer zueinander standen. Durch die Abbildungen lebt diese Zeit auch optisch wieder auf. So wird das Buch ein Streifzug durch die Geschichte schreibender Paare.

Noch ein letztes Wort zu meinen persönlichen Vorbildern unter den vorgestellten Schriftstellerinnen. Da ist zum einen und vor allen anderen Simone de Beauvoir, die erste, die mir als junger Leserin eine andere, freie Art zu leben zeigte. Dazu gehört auch Joan Didion, eine viel spätere Entdeckung, eine Ikone, die trotz aller Intellektualität uneingeschränkt liebte und in einer Ehe lebte.

Beide sind ehrlich bis zu einem Grad, an dem es schmerzhaft wird. Sie beschönigen nicht und machen sich selbst hässlich, wenn es nicht anders geht.

Beide haben mir und Millionen Frauen auf der Welt einen Weg gewiesen.

Simone de Beauvoir im Café.

Erstes Kapitel

Die Hälfte von ...
Ein Leben lang

»Ich lebe mit einem Schriftsteller, obwohl ich selber schreibe«, könnte als Motto über diesem Kapitel stehen. Und dann auch noch für ein ganzes Leben? Das ist erstaunlich, weil doch die Annahme gilt, schreibende Paare würden eher zum Unglück und zum Scheitern neigen.

Dennoch entwickelte sich die Kategorie »Ein Leben lang« zur größten in diesem Buch. Das hätte ich anfangs nicht gedacht. Scheint das Schreiben doch eine Beschäftigung zu sein, die Einsamkeit, Riten und Marotten, Selbstsucht und Eitelkeit in besonderem Maße hervorbringt. Und dann gleich zwei, die diesen Beruf haben?

Oder gibt es außergewöhnliche Paare, die sich beim Schreiben gegenseitig beflügeln, gerade weil sie von den Nöten dieser Tätigkeit wissen und sich gerade deshalb so gut verstehen?

Wichtig scheint zu sein, dass es neben der Literatur etwas anderes gibt, das das Paar verbindet. Am einfachsten lässt sich diese Gemeinsamkeit bei Simone de Beauvoir und Jean-Paul Sartre finden. Es ist das politische Programm, das links bis maoistisch ist und gleichzeitig libertinär-antibürgerlich. Louis Aragon und Elsa Triolet hätten auch in dieses Kapitel gepasst. Sie waren eminent politische Menschen und Autoren. Sie kämpften beide mit der Waffe in der Hand gegen die deutschen Besatzer und waren Mitglieder der Kommunistischen Partei, bei der von den Anhängern gefordert wurde, alles, auch die schriftstellerische Arbeit, der Partei unterzuordnen. Ähnliches gilt in abgemilderter Form für Lillian Hellman und Dashiell Hammett, die der kommunistischen Idee nahestanden. Und auch für die Canettis, die vor Hitler fliehen mussten.

Joan Didion
*1934

John Gregory Dunne
1932 – 2003

> *»Ich erinnere mich, wie ich dachte,
> darüber müsste ich mit John sprechen.«*
>
> JOAN DIDION nach dem Tod ihres Mannes

Eine symbiotische Verbindung

Zwischen Joan Didion und John Gregory Dunne gab es eine symbiotische Verbindung, die vierzig Jahre hielt, bis das Schicksal sie trennte. Am Tag vor Silvester 2003 starb Gregory Dunne überraschend an einem Herzinfarkt, zwischen zwei Cocktails, während Joan Didion gerade in der Küche war.

Der Schock über diesen Verlust war so groß, dass sie in den folgenden Wochen und Monaten weder schreiben noch lesen konnte. Plötzlich war eine große Zerbrechlichkeit da. Sie kaufte zwei Paar Turnschuhe, die sie von da an nur noch trug, um fester auf den Beinen zu stehen. Im Sommer nach seinem Tod schrieb sie den ersten Artikel (seit 1963!), »ohne dass John den Entwurf gelesen und mir gesagt hatte, was daran nicht stimmte, was noch fehlte, wie man ihn hier ein bisschen aufpolieren, dort ein bisschen zurücknehmen konnte«.

DAS JAHR DES MAGISCHEN DENKENS

Diese Details erzählt Joan Didion in ihrem berühmten Buch *Das Jahr des magischen Denkens*, in dem sie die Zeit nach seinem Tod rekapituliert. Wobei das magische Denken die Unfähigkeit meint, der Tatsache seines Verschwindens ins Auge zu sehen.

Joan Didion war und ist Vorbild für Legionen von Journalisten, jeder will so sein und so schreiben wie sie. An der Innenseite ihres Kleiderschranks hing ein Zettel mit den Dingen, die sie einpackte, wenn sie wieder auf eine ihrer Reportagereisen ging. »Die Liste erlaubte mir zu packen, ohne darüber nachdenken zu müssen, um welches Thema es gehen sollte ... In einem Rock, einem Trainingsanzug und Seidenstrümpfen konnte ich auf beiden Seiten der Kultur bestehen.«

Joan Didion wurde in Sacramento geboren. Zum Schreiben kam sie, nachdem sie Englisch studiert und im Essay-Wettbewerb der *Vogue* einen Aufenthalt in New York gewonnen hatte. Sie begann für die Zeitschrift zu arbeiten und wurde Mitglied der Redaktion. Sie schrieb über Mode, Bücher, Filme. 1963 erschien ihr erster Roman *Run, River (Menschen am Fluss)*.

Im Jahr darauf heiratete sie Gregory Dunne. »In der Minute, in der ich sein Haus betrat, in dem große Ruhe und Ordnung, Frieden und Wohlbefinden herrschten, dachte ich, dass ich ihn heiraten wollte ... Da war der Schrank voller Tischwäsche in Organdy, säuberlich aufgerollt und frisch aus der Reinigung.« Es war der ähnliche soziale Hintergrund von Dunne, der sie anzog. Sie ging mit ihm nach Los Angeles, wo sie gemeinsam Drehbücher für Hollywood schrieben, unter anderem *A Star is born*. Daneben schrieben beide unabhängig Artikel für die wichtigsten amerikanischen Zeitungen.

DER WUNSCH NACH EGALITÄRER PARTNERSCHAFT

Obwohl sie sich so ähnlich waren, hatte die Ehe mit Schwierigkeiten zu kämpfen. Beide litten darunter, dass eine egalitäre Partnerschaft nur sehr schwer zu verwirklichen war. Kein Wunder, es waren die sechziger Jahre.

Mit Quintana Roo.

Dennoch waren sie sich gegenseitig eine große Stütze bei der Arbeit. Und wenn es gar nicht mehr ging, dann fuhren sie eben nach Honolulu, statt die Scheidung zu beantragen.

Die beiden adoptierten eine Tochter, Quintana Roo, die eineinhalb Jahre nach Gregory Dunne starb. Auch diesen Verlust verarbeitete Joan Didion in einem Buch. In *Blue Nights* fragt sie mit entwaffnender Ehrlichkeit, ob sie als Mutter versagt habe, weil das Schreiben immer wichtiger war.

1988 zogen Joan Didion und Gregory Dunne nach New York, in eine große, sonnige Wohnung auf der Upper East Side, vollgestopft mit Büchern und Familienfotos. Didion arbeitete für die *New York Review of Books*, veröffentlichte Essays über politische Themen, während ihr Mann eher Romane und erzählende Texte schrieb.

EIN PAAR OHNE KONKURRENZGEFÜHLE

Sie bezeichneten sich als Heimarbeiter, jeder des anderen erster Leser, Redakteur, Cocktailmixer – ein ideales Paar ohne Konkurrenzgefühle. Joan Didion beschreibt ihre Arbeitssituation wie folgt: »Wir waren beide Schriftsteller und arbeiteten beide zu Hause, und unsere Tage waren angefüllt mit dem Klang unserer Stimmen ... Viele Leute nahmen an, wir müssten auf irgendeine Weise ›Konkurrenten‹ sein, da manchmal der eine und manchmal die andere die bessere Kritik bekam oder den größeren Vorteil hatte, sie nahmen an, unser Privatleben wäre ein Minenfeld aus beruflichem Neid und Ressentiments. Das war so weit von den Tatsachen entfernt ...«

Ihre Büros lagen nebeneinander in dem weiträumigen Appartement. Es war immer John Gregory, der ans Telefon ging (es soll dreizehn gegeben haben!), und wenn das Gespräch interessant wurde, dann rief er zu Joan hinüber, sie solle den anderen Hörer nehmen.

»*Ich bin nur ich selbst, wenn ich an meiner Schreibmaschine sitze.*«

JOAN DIDION in Ms.

Weil sie selbst schreibt, wusste sie auch von dem Gefühl der »vorhersehbaren Leere zwischen Abgabe und Veröffentlichung« und der »ebenso vorhersehbaren Schaffenskrise mit seinem nächsten Buch«, die ihr Mann in dem Sommer vor seinem Tod durchmachte. Dies ist wohl ein Vorteil, wenn der Ehepartner ebenfalls publiziert: dass man die Verlorenheit kennt, in welcher der andere von Zeit zu Zeit zu versinken droht.

Ein weiterer Beleg für die Innigkeit, die zwischen diesem Paar herrschte: Nach seinem Tod stellte Joan Didion fest, dass sie nicht einen einzigen Brief ihres Mannes besaß. Einfach aus dem Grund, dass sie für Briefwechsel nie lange genug getrennt gewesen waren. Wenn es doch einmal vorkam, für eine oder zwei oder auch drei Wochen, dann telefonierten sie mehrmals täglich. »Hohe Telefonrechnungen waren Teil unserer gemeinsamen Abmachung, ebenso Hotelrechnungen, die es uns ermöglichten ... irgendwohin zu fliegen und gemeinsam gleichzeitig in der gleichen Suite zu arbeiten.«

Spätestens seit dem Tod von Gregory Dunne ist Joan Didion die bekanntere von beiden. Zu ihrem achtzigsten Geburtstag gab es zahlreiche große Artikel über sie im Feuilleton. Eine zerbrechliche, fast durchscheinende Frau mit einer Riesensonnenbrille – mit diesem Motiv wirbt die Modefirma Céline mit ihr.

Und auf fast allen Fotos sieht man den Ehering, den sie an einer goldenen Kette um den Hals trägt.

Mit Quintana Roo.

Elizabeth Barrett Browning
1806 – 1861

Robert Browning
1812 – 1889

> *»Die simple Wahrheit ist, dass sie der Dichter war —
> im Vergleich mit ihr bin ich nur geschickt.«*
>
> ROBERT BROWNING

Die Einsamkeit des Schreibens

Sie trafen sich, als in ihrem Leben eigentlich schon alle Würfel gefallen waren. Elizabeth Barrett galt als kränklich, sie litt bereits als Fünfzehnjährige unter Kopf- und Rückenschmerzen, dann kamen Masern hinzu. Zehn Monate verbrachte sie in einem Sanatorium und bekam Morphium. Trotz ihrer Krankheit begann sie schon als Kind Versgedichte zu schreiben. Ein erstes wurde auf Kosten ihres Vaters gedruckt, als sie zwölf war. Gegen ihre Schmerzen nahm sie Laudanum, was zur Sucht führte. Als sie Anfang dreißig war, schlug eine weitere Krankheit zu, wahrscheinlich war es Tuberkulose. Sie galt als psychisch labil und war schon fast vierzig, als sie Robert Browning traf. Gegen den Willen ihres Vaters heiratete sie und bekam mit dreiundvierzig Jahren einen Sohn.

DIE LIEBE SEINES LEBENS

Robert Browning war sechs Jahre jünger als Elizabeth Barrett. Er verehrte Percy Bysshe Shelley und wollte selbst ein berühmter Dichter werden. Und er träumte davon, der Liebe seines Lebens zu begegnen. Sein erstes Buch *Pauline* erschien 1830. Vor der Verlobung mit Elizabeth suchte er Rat in der Bibliomantik, worunter man die Wahrsagung auf Grund zufälliger Lektürestellen (meistens in heiligen Texten) versteht. Er stellte sich vor sein Bücherregal, nahm auf gut Glück ein Buch heraus und schlug es an einer beliebigen Stelle auf. Er stieß auf folgende Passage: »Wenn wir in der anderen Welt so lieben wie in dieser, werde ich Dich bis in alle Ewigkeit lieben.« Angesichts der schwierigen Verbindung hat sich dieser Spruch bewahrheitet.

Lange bevor die beiden sich persönlich begegneten, bewegten sie sich über ihre Gedichte aufeinander zu. Elizabeth war eine Kennerin von Brownings Gedichten, die sie in den 1830er und frühen 1840er Jahren kommentierte. Ein gemeinsamer Freund, John Kenyon, zeigte Robert Browning ein Manuskript von Elizabeth Barrett und ihm ihre Notizen über seine Dichtung. Schließlich schrieb Robert ihr einen ersten Brief, aber Elizabeth verweigerte über Monate ein persönliches Treffen, weil sie fürchtete, als ältere, blässliche, kranke, völlig zurückgezogen lebende Frau seiner Bewunderung nicht standhalten zu können.

Browning hatte ebenfalls Selbstzweifel: Er glaubte, sich in seinen Briefen nicht richtig ausgedrückt zu haben, und wollte sich ihr in einem persönlichen Gespräch verständlich machen.

LIEBESERKLÄRUNGEN

Am 20. Mai 1845 durfte er sie endlich in London besuchen. Beider Erwartungen wurden übertroffen: Elizabeth fand ihn besser aussehend als auf den Porträts, die sie kannte. Robert fand heraus, dass sie keineswegs durch ihr Rückenleiden bewegungsunfähig war. Er machte ihr nach diesem Besuch eine Liebeserklärung, wahrscheinlich auch einen Heiratsantrag, wie sich aus ihrem Antwortbrief schließen lässt, der erhalten blieb. Elizabeth lehnte das vehement ab. Sie kannte die Machtverhältnisse in der Ehe und hatte entschieden, dass das nichts für sie war. Gleichzeitig war sie aber an einem Punkt angekommen, an dem sie ihre Einsamkeit aufgeben und mehr am Leben teilhaben wollte. Wenn Robert seine Heiratspläne aufgeben würde, wäre sie bereit, ihn weiterhin zu sehen. Seine Besuche (einundneunzig!) mussten heimlich geschehen, denn Elizabeths Vater kontrollierte jeden Schritt seiner Kinder und verbot ihnen zu heiraten.

Dennoch liebte sie Robert, denn während dieser Zeit der Werbung schrieb sie heimlich ihre *Portugiesischen Sonette*, eine Reihe von Liebesgedichten, in denen sie ihre Gefühle, auch ihre Ängste, in Worte fasste und die bis heute, von Rilke ins Deutsche übertragen, gelesen werden.

Im August 1845 machte Robert ihr eine zweite Liebeserklärung. Diesmal nahm sie an. Ein gutes Jahr später heirateten sie heimlich und flohen über Paris nach Pisa. Daraufhin verstieß sie Elizabeths Vater, ein wahrer Familientyrann. In Italien setzte sich Elizabeth Barrett Browning für die Einheit

»Wenn man zu glücklich ist, kann man nicht schreiben.«

ELIZABETH BARRETT

des Landes ein, was ihr die Bewunderung und Dankbarkeit der Italiener eintrug.

Nachdem sie sich von den Strapazen der Reise erholt und sich zunächst in Pisa, später dann in Florenz niedergelassen hatte, fühlte sich Elizabeth kräftiger, nach zwei Fehlgeburten gebar sie sogar einen Sohn, Robert, genannt Pen oder Penini. Jetzt erst schenkte Elizabeth ihrem Mann die vierundvierzig Sonette, die sie im ersten Jahr an ihn geschrieben hatte. Weil sie einen tiefen Einblick in ihre Gefühlswelt geben, gab sie vor, sie habe die Verse eines portugiesischen Dichters gefunden und bearbeitet.

Robert Browning schrieb in den ersten Ehejahren seine berühmtesten Gedichte *Men and Women*.

DIE STILLE DES SCHREIBENS

»Wir sind früh auf – dann arbeiten, arbeiten. Peninis Unterricht vernachlässige ich nie – dann schreibe ich – Dann Abendessen – dann besprechen wir Roberts Manuskripte. Alles zusammengenommen habe ich kaum Zeit zum Lesen.« Das schrieb Elizabeth Barrett. Wobei auch hier wie so oft auffällt, dass *sie* es ist, die ihre Arbeit unterbricht, um den Sohn zu unterrichten, und dass am Abend *seine* Texte besprochen werden, nicht ihre.

1856 notierte eine Freundin, dass Robert Browning absolute Stille zum Schreiben benötigte. Barrett hingegen schrieb mit dem Bleistift auf Papierchen, während sie auf dem Sofa im Wohnzimmer lag, jederzeit bereit, sich unterbrechen zu lassen, von Besuchern, von ihrem omnipräsenten Sohn. Sie verbarg

das Papier neben sich, wenn jemand hereinkam, und nahm es wieder hervor, wenn sie frei war.

Andere Stimmen sagen, dass sie Einsamkeit und einen geregelten Tagesablauf benötigte und auch ihren Mann dazu drängte. Denn Robert begann viel auszugehen, kam oft erst spät in der Nacht nach Hause und pendelte zwischen einem Leben als Partylöwe und als Eremit. Elizabeth legte keinen Wert auf diese Nachtschwärmereien, dafür fehlte ihr auch die Kraft, aber sie hielt sie vor allen Dingen für schädlich, wenn man Gedichte schreiben wollte.

Wie auch immer: Elizabeth Barrett schrieb *Aurora Leigh* (1856), die Geschichte einer Frau, die sich einer konventionellen Erziehung beugt, in ihrem Inneren aber frei ist und Dichterin wird. Sie weigert sich anfangs, den Mann, den sie liebt, zu heiraten, weil er sie nicht als gleichberechtigte Partnerin anspricht. Der Name Aurora wurde von George Sand inspiriert (siehe S. 114), eine Dichterin, die sich als Mann verkleidete und in Wirklichkeit Aurore Dudevant hieß. Sie war ein Vorbild für Elizabeth, die spätestens durch *Aurora Leigh* berühmt und anerkannt wurde. Und sie überflügelte ihren Mann, der das neidlos anerkannte und aufhörte zu schreiben.

In der Nacht des 29. Juni 1861 starb Elizabeth in den Armen ihres Mannes. Sie wurde in Florenz beerdigt, unter der großen Anteilnahme der Italiener. Robert ging mit Penini zurück nach England, wo auch er wieder ernsthaft zu schreiben begann, mit wachsendem Ruhm. Was schließt man daraus? Dass ihn der Erfolg seiner Frau, trotz aller Liebe, die er für sie empfand, gelähmt hat?

Erst siebzehn Jahre später reiste Robert Browning wieder nach Italien. Er blieb für den Rest seines Lebens unverheiratet, obwohl er einen Heiratsantrag bekam. Er starb am 12. Dezember 1889.

Lillian Hellman
1905 – 1984

Dashiell Hammett
1894 – 1961

Raum wird gearbeitet. Nicht eintreten ohne zu klopfen. Nach dem Klopfen auf Antwort warten. Wenn du keine Antwort erhältst, geh und komm nicht wieder. Damit meine ich jeden. Damit meine ich dich ...«

BERUFSVERBOTE

Hammett war 1937 in die Kommunistische Partei eingetreten. Nach dem Krieg wurde er vor den McCarthy-Ausschuss geladen und wegen Missachtung des Gerichts zu sechs Monaten Gefängnis verurteilt. Bei dieser Gelegenheit kam es zu

Vor dem McCarthy-Ausschuss.

einer von Hellmans Stilisierungen. Sie behauptete fälschlicherweise, quer durch die Staaten gereist zu sein, um Geld für seine Kaution aufzubringen. Auch Hellman wurde vor den Ausschuss geladen. Sie weigerte sich, Namen zu nennen, was ihr große Bewunderung eintrug. Sie wurde zwar nicht verurteilt, aber mit Berufsverbot belegt. Zehn Jahre durfte sie nicht arbeiten.

ZWISCHEN LÜGE UND WAHRHEIT

Diese Fakten sind belegt, viele andere nicht, denn Lillian Hellman »strickte« sich ihre Biografie, machte sich sogar zur Heldin. Sie verbot Freunden, Details aus ihrem Leben zu erzählen, sie verbrannte Briefe und persönliche Papiere. Und mehr als einmal wurde sie der Lüge bezichtigt.

Ihre Kollegin Mary McCarthy tat das 1979 sogar öffentlich in einer Talkshow. Ihre Deutlichkeit ließ nichts zu wünschen übrig: »Jedes Wort, das sie schreibt, ist eine Lüge, einschließlich *und* und *der, die, das*.« Lillian Hellman zeigte sie an. Der Rechtsstreit zog sich über fast vier Jahre hin, spaltete

die Freunde von Hellman und McCarthy und war bis zu Hellmans Tod nicht geklärt.

Der größte Betrug, den sie an ihren Lesern und Bewunderern beging, war wohl die Behauptung, sie sei Kurier für den antifaschistischen Widerstand gewesen. Das Stück, das sie über ihre angeblichen Erlebnisse schrieb, wurde für Hollywood verfilmt, der Film *Julia* wurde mit drei Oscars ausgezeichnet. Hellman bekam stehende Ovationen für ihren Kampf gegen die Nazis. Nur leider ist die Geschichte nicht wahr. Hellman hatte sich offenbar der Lebensgeschichte von Muriel Gardiner bedient, deren Schicksal frappierende Ähnlichkeit mit der von Julia aufweist.

1937 fuhr Lillian Hellman zum ersten Mal nach Moskau. Dort tobten gerade die Säuberungsprozesse gegen alte Bolschewiken. Diese Prozesse brachten viele ehemals gläubige Kommunisten dazu, sich von ihrer Partei zu lösen. Hellman gehörte nicht zu ihnen. Sie sagte später, sie habe nichts von dem Terror bemerkt und nichts gewusst. Stattdessen unterschrieb sie Solidaritätsadressen zu den Prozessen und für den Hitler-Stalin-Pakt. Sie war eine Gegnerin des Nationalsozialismus und unterstützte die Spanische Republik, das zählte offensichtlich mehr.

DIE VERWALTERIN DES ERBES

1951, nach seinem fünfmonatigen Gefängnisaufenthalt, war Hammett kränker und dünner denn je. Seit dem Ersten Weltkrieg litt er an Tuberkulose, außerdem war seine Gesundheit durch Alkohol und Tabakmissbrauch ruiniert. Schließlich nahm Hellman ihn in ihrem luxuriösen Townhouse in der 82. Straße in New York auf – was er nur unwillig annahm. Die Steuerbehörde beschlagnahmte seine Tantiemen, er starb verarmt 1961. Nach seinem Tod wurden die Rechte an Hammetts Büchern versteigert. Hellman war die einzige Bieterin. Für fünftausend Dollar gehörten sie ihr. Sie verdiente viel Geld mit Neuausgaben und speiste Hammetts Töchter mit Almosen ab. Aber es war wohl auch so, dass sie diejenige war, die seine Bücher, die beinahe vergessen waren, wieder auf den Markt brachte. Und sie gründete eine Stiftung seines Namens.

Nach Hammetts Tod hörte Hellman auf Drehbücher zu schreiben, ihre Zeit war vorbei. Sie verfasste ihre Memoiren, deren erster Band *An Unfinished Woman (Eine unfertige Frau)* sie endgültig reich und berühmt machte. Und anhand dieser Memoiren konnte jeder nachprüfen, wo sie sich nicht an die Wahrheit gehalten hatte.

Noch 1976, mit einundsiebzig Jahren, posierte sie in einer Werbekampagne. Im Pelzmantel, mit der Zigarette in der Hand sieht sie den Betrachter forsch an. Es wird sogar behauptet, dass sie unter dem Mantel nackt gewesen sei. Ihr Name stand nicht unter dem Foto, das war auch nicht notwendig: Jeder kannte sie, nachdem sie im Jahr zuvor den dritten Band ihrer Memoiren herausgebracht hatte.

1984 starb Lillian Hellman friedlich im Schlaf, dreiundzwanzig Jahre nach Hammett. Dreißig Jahre waren sie ein Paar gewesen, aber die Zeit, in der sie gleichzeitig schrieben, hatte nur vier Jahre betragen.

Simone de Beauvoir
1908 – 1986

Jean-Paul Sartre
1905 – 1980

> *»Sie sind für mich die notwendige Beziehung,
> alle anderen sind zufällig.«*
>
> JEAN-PAUL SARTRE

Das Traumpaar der Intellektuellen

Sie waren *das* intellektuelle Paar, das Intellektuellen-Traumpaar der europäischen Nachkriegszeit. Beide hatten eine Stimme, die gehört wurde, beide bestimmten die Themen ihrer Zeit. Und zusammen waren sie ein Paar, das selbstbestimmt lebte und sich gegenseitig die Freiheit gab, andere Partner zu haben. Dass beide Philosophen waren und sich mit der Frage der individuellen Freiheit beschäftigen, machte es ihnen leichter, ja geradezu zu einem geistigen Vergnügen, ihre Beziehung zu hinterfragen und gleichzeitig zu festigen.

EIN UNKONVENTIONELLES BEZIEHUNGSMODELL

Von 1929 bis zu seinem Tod 1980 waren Simone de Beauvoir und Jean-Paul Sartre ein Paar. Sie haben sich Zeit ihres Lebens gesiezt, was kein Ausdruck ihrer bürgerlichen Herkunft war, die sie mit aller Macht abzustreifen versuchten, sondern ihres gegenseitigen Respekts. Sie waren nie verheiratet, haben nie zusammen gewohnt und auch nie gemeinsame Kinder geplant.

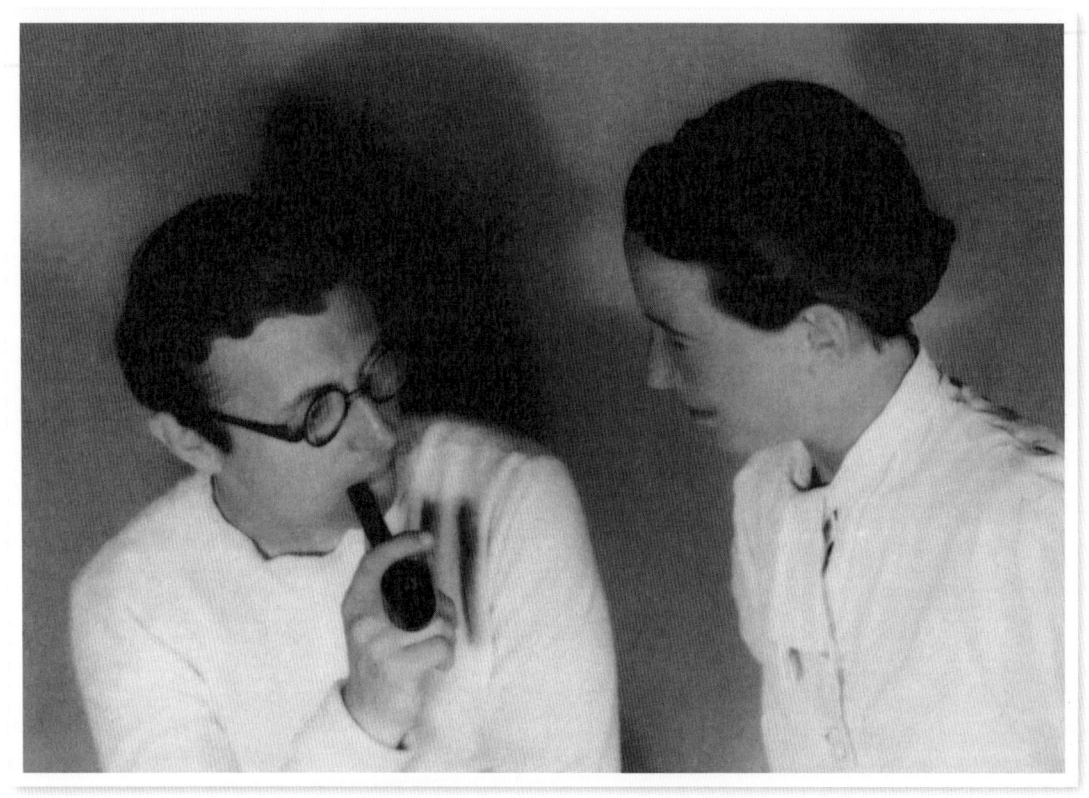

»In meinem Leben habe ich einen unbestreitbaren Erfolg
zu verzeichnen: meine Beziehung zu Sartre. In mehr als dreißig
Jahren sind wir nur einen Abend uneins eingeschlafen.
Das langjährige Beisammensein hat keineswegs das Interesse
verringert, das wir an unseren Gesprächen hatten.«

SIMONE DE BEAUVOIR

Beide hatten zum Teil langjährige Beziehungen, aber dass die wichtigste Beziehung diejenige zueinander war, wurde von beiden nie in Frage gestellt. Beide kannten jede Zeile, die der andere geschrieben hatte. Sie lasen und kritisierten sich gegenseitig. Sie erzählten sich haarklein jeden Gedanken und jede Begegnung. Waren sie getrennt voneinander, schrieben sie sich beinahe täglich seitenlange Briefe.

Nach ihrem Tod wurden Stimmen laut, so einfach sei das doch nicht gewesen mit der Toleranz, es habe doch Kränkungen gegeben und einen, der stärker war. Und dennoch: Das unverbrüchliche Gefühl, der jeweils andere sei der wichtigste Mensch im Leben, der Bezugspunkt, der immer blieb, bekam nie Risse. »Ohne Untreue wäre Sartres und Simone de Beauvoirs Liebes- und Schreibbündnis nichts gewesen als eine ordinäre bürgerliche Ehe«, so beschrieb es Hannelore Schlaffer.

DAS MORGANATISCHE PAAR

Und was die intellektuelle Überlegenheit Sartres angeht, so hat Simone de Beauvoir sie im ersten Band ihrer Memoiren neidlos anerkannt: »Da er zwei Jahre älter war als ich – und zwar zwei Jahre, die er wohl ausgenutzt hatte –, wusste er über alle Dinge besser Bescheid. Die wahre Überlegenheit aber, die er sich selber zuerkannte und die auch mir in die Augen sprang, war die ruhevolle, besessene Leidenschaft, die ihn zu seinen künftigen Büchern drängte ... (ich) begegnete jemandem, in dessen Augen mein frenetischer Eifer noch immer ein schüchternes Streben war. Und wirklich, wenn ich mich mit ihm vergleiche, wie lau erscheint mir dann mein fieberndes Bemühen!«

Beauvoir erkannte also Sartres größeres Wissen und seinen stärkeren Willen an. Im selben Absatz sagte sie aber noch etwas ganz Entscheidendes, was diese Überlegenheit wieder relativiert: »Wenn andere Leute mein Wesen zu deuten behaupteten, so taten sie es, indem sie mich als einen Annex ihrer eigenen Welt betrachteten, was mich verdross; Sartre hingegen versuchte meinen Platz in meinem eigenen System zu respektieren, er begriff mich im Lichte meiner Werte und Projekte.«

EIN PAKT ZUM ERFOLG

Als sie sich kennenlernten, war Beauvoir beeindruckt von der Menge an Büchern und Zetteln in Sartres Wohnung. Sie schlossen einen Pakt, vorerst für zwei Jahre zusammenzubleiben, um sich zu prüfen und für andere Beziehungen frei zu sein. 1929 machten sie ihre *Aggrégation*, die sie für das höhere Lehramt befähigte. Sartre wurde Jahrgangsbester, sie zweite. Ihre Anstellungen als Lehrer trennten sie, er bekam einen Posten in Le Havre, sie in Marseille, später in Rouen. Erst 1936 bekam sie eine Anstellung in Paris, er ein Jahr später. Jetzt begannen sie ihr »gemeinsames« Leben im selben Hotel, aber auf unterschiedlichen Etagen. Und beide hatten erste literarische Erfolge.

1945 gründeten sie die Zeitschrift *Les Temps modernes*, die sich mit aktuellen Fragen beschäftigte. Beide waren Mitglieder des Redaktionsteams, im Laufe einer zunehmenden Verschärfung der politischen Positionen kam es zu Streit und Trennungen, aber nicht zwischen den beiden.

»*Sartre – de Beauvoir: Der Jahrhundertstreit*
›Ich habe Hunger. Schatz, willst du mir nichts zu essen machen?‹«

TAGESABLÄUFE

Sartre hatte eine Regel: »Drei Stunden am Vormittag, drei Stunden abends.« Nachdem er am Vormittag drei Stunden in seiner Wohnung geschrieben hatte, traf er sich mit Simone de Beauvoir und einigen Freunden zum Mit-

tagessen, das gern zwei Stunden dauerte, schwer war und von einem Liter Wein begleitet wurde. Um Punkt 15.30 Uhr ging er zurück in seine Wohnung. Simone de Beauvoir begleitete ihn, und sie arbeiteten Seite an Seite, schweigend, in Sartres Wohnzimmer.

Für sie begann der Tag ganz ähnlich: »Zuerst trinke ich einen Tee, gegen zehn setze ich mich an den Schreibtisch und arbeite bis um eins. Dann treffe ich mich mit Freunden und arbeite danach weiter, etwa von fünf bis neun.« In einem Interview mit der *Paris Review* beschrieb sie ihr Tagespensum später ganz ähnlich, was auf große Kontinuität hinweist: »Ich habe es immer eilig, loszulegen, obwohl ich es im Allgemeinen hasse, den Tag zu beginnen. Erst trinke ich Tee, und dann so gegen 10 Uhr finde ich mich in die Arbeit und sitze bis 13 Uhr. Dann besuche ich meine Freunde und danach, um 17 Uhr, setze ich mich wieder an die Arbeit und mache weiter bis um 21 Uhr. Ich habe keine Schwierigkeiten damit, den Faden am Nachmittag wieder aufzunehmen. Wenn Sie gehen, werde ich die Zeitung lesen oder einkaufen gehen. Die meiste Zeit ist es ein Vergnügen zu arbeiten.«

Ihr Schreibtisch stand in einem Studio in der Rue Schœlcher am Montparnasse, nur fünf Minuten von Sartres Wohnung am Boulevard Raspail entfernt.

Links und oben: Beim Verkauf der maoistischen Zeitung *La Cause du Peuple*.

VERTRAUEN UND VOLLMACHT

Die Frage bleibt, wer von beiden die stärkere Position innehatte. Beauvoir sah in Sartre den größeren Denker, den Philosophen. Er war es, der den Existentialismus »erfand«, die Initiative »auf philosophischem und politischem Gebiet ging von ihm aus«, wie sie sagte. Dennoch war sie bei der Entwicklung der Ideen dabei und bot mit ihrem Erfahrungshintergrund die notwendigen Anschauungen. »Wenn es mir ganz natürlich schien, mich der Lehre Kierkegaards, der Lehre Sartres anzuschließen und ›Existentialistin‹ zu werden, so nur, weil meine ganze Lebensgeschichte mich darauf vorbereitet hatte. Von Kindheit an war ich auf Grund meines Temperaments geneigt gewesen, meinen Wünschen, meinen Willensäußerungen zu vertrauen … Schon mit neunzehn war ich überzeugt gewesen, dass es dem Menschen zusteht, und nur ihm allein, seinem Leben einen Sinn zu geben.« So beschrieb sie es in ihren Memoiren.

Hatte sie ein Buch abgeschlossen, gab sie es Sartre als erstem Leser, der es streng beurteilte. Ebenso vertraute er ihr. »Was meinen Sie?«, »Geht das?«, »Sie haben eine Blankovollmacht, zu streichen, zu kürzen, zu tilgen, alles, was Sie wollen«, schrieb er ihr über seinen ersten Roman. Er legte Wert auf

Mit Claude Lanzmann.

ihr Urteil, von Anfang an. Seinen ersten Roman *Der Ekel* hatte Sartre Simone de Beauvoir gewidmet, und sie hatte ihm bei den Korrekturen geholfen.

Spätestens mit ihren Büchern über *Das andere Geschlecht* und *Das Alter* begab sie sich auf Gebiete, die neu waren und über die Sartre nicht geschrieben hatte. Ihm wurde 1964 der Nobelpreis für Literatur zugesprochen (den er ablehnte), aber sie bekam schon 1954 den wichtigsten französischen Literaturpreis, den Prix Goncourt. In einem Film über sie sagte sie 1978, es habe nie eine intellektuelle Rivalität zwischen ihr und Sartre gegeben.

Doch etwas macht stutzig: Abends gingen sie aus, um Sartres Verpflichtungen nachzukommen. Und Claude Lanzmann, der in den fünfziger Jahren eine Beziehung zu de Beauvoir hatte, erwähnte, dass die beiden sich beim Abendessen abseits setzten und diskutierten, »was er an jenem Tag geschrieben hatte«. Er, nicht sie, obwohl doch beide den größten Teil des Tages mit Schreiben verbracht hatten.

Veza Canetti
1897 – 1963

Elias Canetti
1905 – 1994

> »Sie hat gesagt, sie will nichts von sich
> veröffentlicht haben, bis der Canetti selbst die
> gebührende Anerkennung gefunden hat.«
>
> ERICH FRIED

Die Blendung der Magd

Sie trafen sich 1924 anlässlich einer Lesung von Karl Kraus in Wien. Venetiana Taubner-Calderon war acht Jahre älter als Elias Canetti, und ihr fehlte der linke Arm. Sie verbarg diese Behinderung in einem schwarzen, ausgestopften Handschuh und zwar so geschickt und mit Grazie, dass sie vielen gar nicht auffiel.

DER GRÖSSTE BEWEIS DER LIEBE

»Dieser Brief ist der größte Beweis einer Liebe, den es je gegeben hat ...« Mit diesem Satz beendete Veza nach dem Trauma einer Fehlgeburt die sexuelle Beziehung zu Elias Canetti. Dennoch heirateten sie eineinhalb Jahre später, 1934, gegen den erbitterten Widerstand seiner Mutter. Und auch nicht unbedingt aus Liebe: Veza drohte die Abschiebung nach Jugoslawien, durch die Heirat wurde sie wie ihr Mann staatenlos.

In den ersten Jahren ihrer Beziehung studierte Elias Canetti Chemie, Veza veröffentlichte Geschichten in der Wiener sozialistischen *Arbeiter-Zei-*

tung, in denen sie das Leben in der jüdisch geprägten Leopoldstadt nachzeichnete. Allerdings schrieb sie nicht unter ihrem Namen, sondern unter Pseudonym. Ausgerechnet Veza *Magd* oder Veronika *Knecht* nannte sie sich. Die Artikel und ihre Verfasserin gerieten in Vergessenheit. Über Jahrzehnte waren sie nicht zugänglich, weil niemand von ihnen wusste.

Elias Canetti fing in dieser Zeit ebenfalls an zu schreiben, konnte aber nicht publizieren. Veza gab ihm Lektürehinweise und kritisierte seine Texte. In diesen Jahren sorgte sie dafür, dass Geld hereinkam.

HÖLLENLEBEN AM HOF

Ab Mitte der dreißiger Jahre veränderte sich das Kräfteverhältnis: Elias Canetti veröffentlichte seinen Roman *Die Blendung* und hatte Erfolg, während Veza kaum noch Möglichkeiten zum Publizieren fand.

Bereits Ende 1935, also noch im Jahr der Heirat, bezeichnete sie ihr Leben als »Höllenleben, das sie am Hofe des Herzogs Canetti und seiner Kurtisanen« führte (so in einem Brief an ihren Schwager, Canettis Bruder Georges) und dachte daran, den Gashahn aufzudrehen. Grund waren die Stimmungsschwankungen ihres Mannes, der unter Depressionen und Verfolgungswahn litt. Er bezichtigte sie, ihn erdolchen oder vergiften zu wollen, und nahm ihr den Schlüssel für den Briefkasten ab, um sie zu kontrollieren.

Wien, 1925.

Dennoch wussten beide, dass sie ohne einander nicht leben wollten und konnten.

Leider gab es tatsächlich Grund für eine Paranoia, nur anders, als die Canettis, die beide Juden waren, glaubten. Nach dem Anschluss Österreichs an Nazi-Deutschland flohen sie über Paris nach London. Hier begann Veza mit der Niederschrift ihres Romans *Die Schildkröten*, in dem sie die Ereignisse in Wien verarbeitete. Hoffnungen auf eine Veröffentlichung zerschlugen sich bei Kriegsausbruch.

GETRENNTE WOHNUNGEN, UM ZU SCHREIBEN

In dieser Zeit zogen sie ständig um, mehr als zwei Dutzend Mal, und sie lebten in getrennten Wohnungen. Sie konnten nicht miteinander, aber auch nicht ohne den jeweils anderen. Canetti schrieb mit der Hand, Veza tippte, und er fühlte sich durch das Geklapper der Schreibmaschine gestört. Also schrieb sie nicht, bis sie wieder eine eigene Wohnung hatte. Aber auch ein zweites Buch fand keinen Verleger. »Mein zweites Stück, das ich auf Englisch geschrieben hab, ist beinahe fertig ... Es ist eine reizende Komödie, geistreich und scharf.« Als ein weiteres Buch abgelehnt wurde, gab sie auf: Sie vernichtete große Teile ihrer Manuskripte und hörte auf zu schreiben. Stattdessen kümmerte sie sich (wieder) um das Schreiben ihres Mannes. Sie drohte mit Scheidung oder Selbstmord, um ihn zum Schreiben zu bewegen.

Im Alter wurde Veza Canetti krank, wahrscheinlich litt sie an Krebs. Am 26. April 1963 wurde sie in ein Londoner Krankenhaus eingeliefert. Dort schrieb sie einen Abschiedsbrief an ihren Mann: »Canetti sei gesegnet. Leb für Deine Werke. Ich bete Dich an, ich danke Dir, ewig dankbar, Veza.«

Mit ihrer Meinung, dass er ein Genie war, sollte sie recht behalten. 1981 erhielt Elias Canetti den Nobelpreis für Literatur. In seinen autobiografischen Schriften, immerhin drei Bücher, findet sich kein Hinweis darauf, dass auch seine Frau geschrieben hat.

VERWEHTE SPUREN

Erst in den 1990er Jahren wurde bekannt, wer sich hinter dem Pseudonym Vera Magd verbarg. Die Romane von Veza Canetti wurden veröffentlicht – lange nach ihrem Tod. Und erst als die Tatsachen bekannt waren, äußerte sich auch Elias Canetti zum Schreiben seiner Frau. »Ich hatte sie auf jede Weise zum Schreiben ermuntert: Ich lobte mit Überzeugung, was sie mir zeigte, und musste es gegen sie verteidigen.« Er habe nicht gewollt, dass sich das Bild seiner Frau als gescheiterter Dichterin festsetzte, rechtfertigte er sich.

So bleiben von Veza Canetti häufig nur verwehte Spuren und viele Fragen: Wann genau begann sie zu schreiben? Und was tat Elias Canetti, um

*»Sie hatte nie wirklich an sich geglaubt,
sondern immer nur an Elias Canetti.«*

KARIN FEUERSTEIN-PRASSER

sie zu fördern (oder sie zu behindern)? War ihr Tod doch Selbstmord? Anna Mitgutsch wirft Canetti beispielsweise in einer Ausgabe der Zeitschrift *Literatur und Kritik* vom Juli 1999 vor, er habe die Rolle seiner Frau auf die »dilettierende Gattin des großen Schriftstellers« reduziert, »deren Klugheit darin bestand, ihre Grenzen zu erkennen und ihre Nichtigkeit mit der Demut der vielbeschworenen Magd seiner Größe unterzuordnen«.

Zweites Kapitel

Mehr als zwei. Liebe über Kreuz

Es gibt Paare, die ohne ein weiteres nicht denkbar sind. Man kann nicht an Elsa Triolet denken, ohne dass gleichzeitig ihre Schwester Lili in den Sinn kommt. Beide waren schon als Teenager in Moskau betörende Schönheiten, die Dichterherzen reihenweise brachen. Lili wollte nie etwas anderes sein als die Muse und Werkbewahrerin Wladimir Majakowskis, in den die jüngere Elsa verliebt war. Elsa stand lange in Lilis Schatten, bis sie zu schreiben begann und als erste Frau den Prix Goncourt erhielt.

Iwan Goll gehörte immer an die Seite seiner Frau Claire Goll, seine fast zehnjährige Beziehung zu der Dichterin Paula Ludwig jedoch war ein wichtiger Bestandteil seines Lebens, und sie inspirierte ihn zu zahllosen Gedichten. »Goll hätte mich nicht so sehr geliebt, wenn ich mich anders gezeigt hätte. Er wollte Krisen und Trennungen. Das Wesen, das außer Reichweite war, stimulierte seine Lust und seine Kunst. Wenn ich als wollüstiges Weibchen seinen Körper befriedigt hätte, wäre er bald ermattet, und seine Bewunderung hätte die flüchtige Zeitspanne der Lust nicht überdauert.« So klarsichtig beschrieb Claire Goll im Rückblick ihre Ehe mit Iwan.

Auch Virginia Woolf gehört hierher. Sie war mit Leonard Woolf verheiratet, den sie liebte und brauchte. Doch für die Sinnlichkeit – neben dem literarischen Austausch – brauchte sie auch die Beziehung mit Vita Sackville-West.

Diese anderen, diese Zweitpartner, wenn man sie so nennen will, waren manchmal konstitutiv für das Gelingen der ersten Partnerschaft, auch wenn sie sie komplizierten, verschärften, bedrohten. Ein zeitweiliger Ausbruch aus der Ehe war inspirierend und führte zu Kreativitätsschüben.

Elsa Triolet
1896 – 1970

Louis Aragon
1897 – 1982

»Die Leser von Aragons Gedichten glauben, ich sei immer noch zwanzig und schön.«

ELSA TRIOLET

Unterhaltung versus Sprachkunst

Als Kind und als Teenager stand Elsa Kagan im Schatten ihrer älteren schönen, charismatischen Schwester Lili (oder Lilya). Beide wuchsen in einem wohlhabenden, gebildeten jüdischen Elternhaus in Moskau auf. Erst durch die Beziehung zu Louis Aragon und mit ihrem Erfolg als Schriftstellerin, die als erste Frau den wichtigsten französischen Literaturpreis, den Prix Goncourt, erhielt, konnte sie sich von Lili emanzipieren.

DIE ERSTE LIEBE

Mit fünfzehn Jahren verliebte sich Elsa in den Dichter Wladimir Majakowski. Als sie sich begegneten, war sie derart verwirrt, dass sie sich an ihrer Perlenkette festhielt, die prompt riss. Beide knieten sich auf den Boden, um die Perlen ein-

Lili Brik.

Wladimir Majakowski.

zusammeln. Als er sie später nach Hause brachte, war Elsa schon in ihn verliebt.

Vier Jahre später fühlte sie sich in ihrer Beziehung sicher genug, um Majakowski ihrer Schwester Lili vorzustellen. Sie konnte nicht ahnen, was passieren würde. Oder vielleicht doch. Majakowski, der an dem Abend sein Gedicht *Wölkchen in Hosen* vortrug, hatte fortan nur noch Augen für Lili und widmete ihr noch am selben Abend sein Gedicht, etwas, auf das Elsa bisher vergeblich gewartet hatte. Lili war zu dem Zeitpunkt schon verheiratet, mit dem Schriftsteller Ossip Brik, der für die sowjetische Geheimpolizei arbeitete. Fortan lebten sie in einer *Ménage à trois*.

Vielleicht war es Flucht vor dieser allmächtigen Schwester, die Elsa nach Paris trieb. Sie heiratete André Triolet, einen französischen Offizier, dessen Eltern eine Porzellanmanufaktur im Limousin besaßen, ging mit ihm nach Tahiti und ließ sich wieder scheiden. Sie beschrieb ihre Erlebnisse in Tahiti in einem Buch. Maxim Gorki ermutigte sie zum Schreiben. Die ersten drei Bücher schrieb sie noch auf Russisch, dann wechselte sie ins Französische.

EINE BEGEGNUNG MIT FOLGEN

Am 6. November 1928, im berühmten *La Coupole* in Paris, begegneten sich Elsa Triolet und Louis Aragon, der zu der Gruppe der Surrealisten um André Breton gehörte. Elsa kannte seine Bücher und hatte die Begegnung initiiert. Noch am selben Abend ging er mit in ihr Hotel. Sie blieben die nächsten vierzig Jahre, bis zu ihrem Tod, zusammen. Für die Biografie bleibt festzuhalten, dass beide Mitglieder und Funktionäre der Kommunistischen Partei waren und auf eine verstörende Weise zu den Verbrechen Stalins schwiegen. Während der deutschen Besatzung waren sie im französischen Widerstand.

Elsa Triolet prägte das Wort von der »Partei der Erschossenen« für die Kommunisten, ein Attribut, das gleich nach dem Krieg in das Parteibuch übernommen wurde. Aragons Gedichte gehören in Frankreich zum Kanon. Die Royal Air Force druckte sie auf Flugblätter, die während des Krieges über Paris abgeworfen wurden, einige wurden vertont und als Chansons berühmt.

Neben seinen eigenen surrealistischen Sprachspielereien und seinen Versen ließ Louis Elsas stark autobiografisch gefärbten Romane und Novellen nicht gelten. Während er schrieb und Vorträge hielt, übersetzte sie, schrieb Modeberichte und fädelte Perlen zu Halsketten, um Geld zu verdienen. Sie arbeitete später auch als Journalistin, so berichtete sie aus dem Spanischen Bürgerkrieg und von den Nürnberger Prozessen. Und sie übersetzte: Céline und Aragon ins Russische und später Tschechow ins Französische. Ihre Romane schrieb sie heimlich, ohne Mut, sie Aragon zu zeigen, wie sie Clara Malraux (siehe S. 198) gestand, der es ebenso ging. Erst als sie 1936 lebensbedrohlich an einer Bauchfellentzündung erkrankte, wagte sie ihm von ihren eigenen schriftstellerischen Ambitionen zu erzählen.

Am 28. Februar 1939 heirateten Elsa und Louis und wurden auch offiziell zu »Elsaragoscha«, wie Lili sie nannte, wobei »Aragoscha« die russische Koseform von Aragon ist. Elsa behielt aber den Namen ihres ersten Mannes als Künstlernamen. Sie blieb Elsa Triolet, sie wurde nicht zu Elsa Aragon.

DIE INSZENIERUNG ALS MUSE

Dennoch konnte Elsa Triolet die traditionelle weibliche Rolle nicht einfach hinter sich lassen, die auch Louis Aragon ihr in seinen Texten zuwies. Sie wurde zu seiner Muse, zur Beschriebenen, zu ELSA. Er widmete ihr fast alle seine Bücher, aber es hat etwas Beängstigendes, wenn er in *Die Glocken von Basel* schreibt: »Für Elsa, ohne die ich mich umgebracht hätte.« Ihr Werk wird durch seines nicht nur inspiriert, sondern überschrieben. 1945 erhielt sie den Prix Goncourt für eine Sammlung von Novellen, die (ursprünglich im Untergrund unter dem Pseudonym Laurent Daniel) unter dem französischen Titel *Le premier accroc coute deux cent francs* (so lautete das Codewort für die Landung der Alliierten in der Normandie) erschien. Die Zeitungen vergaßen nicht zu erwähnen, dass sie die Ehefrau von Aragon sei (»Madame Louis Aragon«!) und bereits eine größere Ehrung erfahren habe, weil er sie zur Titelfigur seiner Bücher gemacht habe. Es war für die Zeitgenossen ehrenhafter, das (selbstverständlich weibliche) Sujet von Dichtung zu werden

als selbst Dichterin zu sein. Gleichzeitig wird mit diesen Sätzen Aragon als der größere Dichter hingestellt – obwohl *sie* den Preis bekommt und nicht er!

Aragon konnte außer sich geraten, wenn er das Gefühl hatte, Elsa Triolet würde nicht ausreichend gewürdigt. Doch der unermüdliche Eifer, mit dem er ihr öffentlich seine Liebe erklärte, indem er sie in den Titeln seiner Gedichte nannte, hatte etwas Befremdliches und erinnert an die Amouren der Minnesänger des Mittelalters. Auch Elsa Triolet war sich dessen bewusst, wenn sie sagte, dass die Leser von Aragons Gedichten sich eine zwanzigjährige Schönheit vorstellen würden, die sie schon lange nicht mehr sei. Auch Aragons Homosexualität, die er nach ihrem Tod exzessiv auslebte, wirft ein merkwürdiges Licht auf die Verehrung, die er für sie hatte.

Es gab genügend Gelegenheiten, bei denen sie sich in seinem Schatten fühlte. Und die Verehrung, die er für sie hatte, mögen ihr manchmal als Falle erschienen sein. 1965 schrieb sie ihm einen langen Brief, in dem sie ihm genau das vorwarf. Und er gab ihr Recht und entschuldigte sich.

In einem Film aus dem Jahr 1965 sieht man Elsa Triolet an ihrem Schreibtisch sitzen. Aragon kommt hinzu und fragt sie, ob er sie stören würde. Sie verneint und bittet ihn um Hilfe, weil sie gerade Druckfahnen liest. Aber sie sagt ihm auch, dass er sie im umgekehrten Fall abgewiesen hätte. In ihrer zweistöckigen Pariser Wohnung in der Rue de Varennes kommunizieren sie über ein Haustelefon, ohne ihren Schreibtisch verlassen zu müssen.

DICHT VERWOBENE WERKE

Die Texte von Elsa Triolet sind nicht nur stark autobiografisch gefärbt, sie nehmen auch Leben und Schreiben von Louis Aragon auf. Genauso wie umgekehrt er auf ihre Texte antwortete, Elemente wieder aufnahm und weiterschrieb. Es gibt wohl kein anderes Paar in der Literatur, dessen Werk derart dicht miteinander verwoben ist.

In *Luna-Park* finden sich Briefe, welche die Autorin selbst von Aragon erhalten hat. Elsa nahm damit eine Technik von Viktor Schklowski auf, der in den dreißiger Jahren in einem Roman Briefe von Elsa Triolet wiedergab. Die Verschränkung der Werke von Elsa Triolet und Louis Aragon kommt auch im Titel des Gesamtwerks zum Ausdruck: *Œuvres romanesques croisées d'Elsa Triolet et Aragon* in 42 Bänden.

»*Es gibt keine Liebe außer Elsa.*«

LOUIS ARAGON

UND LILI UND MAJAKOWSKI?

Lili Brik war die perfekte Muse, nicht nur für Majakowski. Sie verstand es, Künstler um sich zu scharen, in ihrer Umgebung war es niemals langweilig, ihr Urteil war gefürchtet und unumstößlich. Sie führte in Moskau einen Salon, in dem sich an jedem Dienstag die Intelligenzija traf: Boris Pasternak und Sergei Eisenstein, Alexander Rodtschenko, der Lili auf seinen berühmten Plakaten verewigte, nach dem Krieg Pablo Neruda, Sartre und Simone de Beauvoir ... Als seine Muse sah sie ihre Aufgabe darin, Majakowski zum Schreiben zu animieren. Einmal verbot sie ihm für zwei lange Monate, sie zu sehen, weil er nicht genügend schrieb, sondern trank und spielte. Auf den Tag zwei Monate später stand er vor ihr, mit einem weiteren Meisterwerk in den Händen. Lili nahm seine Manuskripte an sich, weil sie wusste, dass er sie sonst irgendwo verlieren würde. Sie war die erste, der er seine Gedichte vortrug, genau wie Aragon seine Texte Elsa vorlas. Sie arbeitete mit, wenn seine Stücke auf die Bühne kamen, und war das Gesicht auf den Buchum-

»Erlaubst du, dass ich das zerreiße?
Du kannst es besser.«

CLAIRE GOLL

Die schwierige Liebe zu dritt

Die Schriften von Claire und Iwan Goll sind heute beinahe vergessen, zu Recht, wie man anmerken muss. Sie sind im Umfeld von Pazifismus, Expressionismus und Dada entstanden. Besonders die Gedichte sind von einer leicht schwülstigen Sprachmacht, die heute unpassend wirkt. Aber als schreibendes Paar waren die Golls etwas ganz Besonderes. Sie waren verheiratet und blieben ein Leben lang zusammen, obwohl beide wechselnde Liebhaber hatten. Die Literatur stand für beide an erster Stelle, und nach Iwans Tod bestand Claires Lebensinhalt darin, sein Werk zu betreuen.

Die erste Begegnung zwischen Claire Studer und Iwan (oft wird er »Yvan« geschrieben, aber seine Briefe unterschrieb er mit »Iwan«) Goll fand am 10. Februar 1917 in Genf statt. Claire hatte eines seiner Gedichte gelesen und ihm daraufhin geschrieben. Goll besuchte sie und fiel vor ihr auf die Knie: »Sie sind mein Schicksal!«, rief er. »Aber Sie sind nicht das meine!«, gab sie zurück. Er sollte Recht behalten.

EIN HEIMATLOSER

Iwan Goll wurde als Isaac Lang im Elsass geboren. Weil die Geburtsurkunden während des Weltkriegs verbrannten, konnten sich Legenden bilden. Mal stimmt das Geburtsdatum nicht, mal wird er als Findelkind ausgegeben, mal verlegt man seinen Geburtsort in die Vogesen. In jedem Fall wurde er als Franzose geboren und nach dem Verlust Elsass-Lothringens als Deutscher naturalisiert. Weil er im Ersten Weltkrieg gegen Frankreich kämpfen sollte, floh er in die Schweiz (wo er Claire Studer traf). Später erhielt er die französische Staatsbürgerschaft zurück.

Heimatlosigkeit prägte sein Leben und sein Werk. Goll war ein Dichter »mit französischem Herzen, deutschem Geist, jüdischem Blut und einem amerikanischen Pass«. Deutsch und Französisch waren seine Muttersprachen, später lernte er Englisch. Im Elternhaus durfte nur Französisch gesprochen werden, in der Schule war Deutsch Unterrichtssprache. Seine bekannteste Romanfigur nannte er Jean sans Terre, John Landless oder Johann Ohneland. Ein Zitat dieser Figur findet sich auch auf dem gemeinsamen Grab auf dem Friedhof Père Lachaise in Paris.

LIEBESSCHWÜRE OHNE BODEN

Claire wurde als Klara Aischmann in Nürnberg geboren. Sie war Schriftstellerin und Pazifistin wie Iwan. Sie heiratete früh, um von der Mutter wegzukommen, die sie mit sadistischen Sparmaßnahmen und Misshandlungen quälte. 1917 ließ sie sich scheiden, um ihre Freiheit zu gewinnen, und musste die Tochter bei ihrem Mann lassen.

1919 gingen Claire und Iwan nach Paris, 1921 heirateten sie offiziell. Obwohl es einen Brief vom 19. Oktober 1917 gibt, der beginnt: »Heute Abend 7 Uhr heiraten Liane u. Iwan. Liane schwört Iwan Folgendes ... Ich will

»Du schautest Gott, wo ich nur eine Wolke sah.«

CLAIRE GOLL

immer neben Dir gehen, ganz gleich wie Dein Weg sein wird; denn ich glaube an Dich u. Deine Liebe. Ewig (nicht im Sinn der Menschen, denn das ist zu kurz.)« und in seiner Handschrift hinzugefügt: »Ich will dein Mann sein, weil ich an Dich glaube. Du tiefe, Du wahre, Du große Frau, Du Dichterin, Du Liebende. Ich bin Dein, auch wenn ich gestorben bin, Iwan.«

DIE AFFÄRE MIT RILKE

Dieser Liebesschwur hielt Claire nicht davon ab, eine Beziehung zu Rainer Maria Rilke zu beginnen, den sie im November 1918 in München traf. Die Liebe hielt zwei Jahre lange. Doch dann entschied sie sich gegen Rilkes elegische Ergüsse und für den explosiven Expressionismus Golls. »Kein Mann konnte mir die innere Übereinstimmung geben, die ich bei Goll fand. Meine Liebschaften waren Abenteuer, Zerstörung, nichts, was eine so tief Gemeinsamkeit ersetzen konnte.«

In den folgenden Jahren hatten beide wechselnde Liebhaber, teils über Jahre. Wobei es durchaus möglich ist, dass Claires Affäre mit Rilke bei Goll den Ausschlag dafür gab. So deutet es Claire Goll zumindest am Ende ihrer Autobiografie *Ich verzeihe keinem* an: »Warum haben wir uns je getrennt und gequält?«, fragte ich. – »Ah«, seufzte er, »wenn du nicht mit Rilke angefangen hättest.«

Neben ihrem turbulenten Liebesleben drehte sich alles ums Schreiben. 1925 erschien ihr erster gemeinsamer Band mit Liebesgedichten. Damit wurden sie *das* Künstlerpaar der Zeit. Sie schreiben Artikel für Zeitungen, Stücke, Drehbücher, Romane und immer wieder Gedichte.

DIE DRITTE IM BUNDE

Die Geschichte der Liebe zwischen Claire und Iwan Goll lässt sich nicht erzählen, ohne Paula Ludwig zu erwähnen. Sie war die Dritte im Bunde. 1931 begann Iwan eine Liaison mit der Dichterin, eine intensive Beziehung, die auch die Arbeit umfasste. Die Briefe aus dem Jahr ihrer ersten Begegnung schreibt Goll abwechselnd an Claire und an Paula, ohne die eine vor der anderen zu verstecken. »BRACHTE CLAIRE KRANK SANATORIUM

BÜHLERHÖHE. FAHRE MORGEN FRANKFURT. HEIMKEHR IN DEINE ARME KARFREITAG MORGEN. PARCIGOLL.« Von dort schrieb er ein feuriges Liebesgedicht an seine »Glühpaula« und beschwor das »Iwansfeuer, das du auf dem Hügel unserer Liebe anstecktest« und das über ihn schlug. Ein paar Tage später folgt ein Liebesbrief an Claire, die immer noch in Bühlerhöhe ist – und sich ihren neuesten Liebhaber, einen portugiesischen Adligen, dorthin bestellt hat.

In dieser Zeit schrieb Paula Ludwig Gedichte, die sie mit der Geburt eines Kindes gleichsetzte. Goll korrigierte, verbesserte, mahnte und brachte zwischen 1932 und 1934, in den Monaten, in denen er mit Claire zusammen war, die Paula gewidmeten *Malaiischen Liebeslieder* zu Papier. Um ihn zurückzugewinnen, spielte Claire die Hilflose, Leidende. »Du rühmst die Stärke des Leid's (!) Deiner Freundin. Erschütterte Dich gedrucktes Leid mehr als verborgenes?« Mit dem gedruckten Leid war Paula Ludwigs Band *Dem dunklen Gott. Ein Jahresgedicht der Liebe* gemeint, im Verborgenen litt dagegen Claire. Sie appellierte an Golls Ritterlichkeit und verfasste schließlich einen Roman, *Arsenik* (1932), der von einer verlassenen Frau handelt, die am Ende einen Mord begeht, um sich von dem Mann zu befreien.

KONFLIKTE UND KRISEN

Claire und Iwan waren oft getrennt: er in Paris, sie in Berlin, sie auf Kur, er auf Reisen, um seine Stücke am Theater unterzubringen. Zwischen 1917 und 1949 schrieben Claire und Iwan sich ununterbrochen Briefe, oft täglich (754 sind bekannt und veröffentlicht. Einige von ihnen sind allerdings an Paula gerichtet. Es ist unbekannt, wie viele Briefe Claire vernichtet hat, weil sie nicht in das Bild ihrer Liebe passten); mal schwelgten sie im Glück, mal berichteten sie von tiefen Konflikten und seelischen Krisen. Immer ging es in den Briefen auch um die Arbeit. Leseeindrücke, Berichte vom Fortschreiten des eigenen Schreibens.

1938 lebte auch Paula in Paris, sie und Iwan trafen sich heimlich. Als Claire das herausfand, beging sie einen Selbstmordversuch. Zwischen 1939 und 1947 hielten sich die Golls im Exil in Amerika auf. Beide konnten in

Ich will nichts weiter sein
Als die Zeder vor deinem Haus
Als ein Ast dieser Zeder
Als ein Zweig dieses Asts
Als ein Blatte dieses Zweiges
Als ein Schatten dieses Blattes
Als ein Wehen dieses Schattens
Der eine Sekunde
Die Schläfe dir kühlt.

IWAN GOLL, *Malaiische Liebeslieder* (an Paula Ludwig gerichtet)

amerikanischen Verlagen veröffentlichen und fanden wieder zu ihrer Arbeitsgemeinschaft zusammen. Paula Ludwig emigrierte nach Brasilien. Sie sah Iwan Goll nie wieder und erfuhr erst bei ihrer Rückkehr 1953, dass Goll inzwischen gestorben war. 1945 wurde bei ihm Leukämie diagnostiziert, daher kehrten er und Claire 1947 nach Frankreich zurück. Die Manuskripte, die Briefe, Möbel, alles war während des Krieges verschwunden. Sie mussten von vorn beginnen, ein Neuanfang, der scheiterte. In bitterer Armut lebten sie die nächsten Jahre in billigen Hotels, wo sie unerlaubt ihre Wäsche wuschen und sich eine Suppe wärmten. Sie waren zu lange weg gewesen, inzwischen waren andere Namen berühmt, Jean-Paul Sartre und Albert Camus, und Iwan Goll blieb nicht genug Zeit für einen Neuanfang. Dennoch schrieb Iwan in Paris – wieder auf Deutsch – *Das Traumkraut*.

DIE MANIPULATIVE WITWE

Es gab einen Pakt zwischen den beiden: Wenn er starb, sollte sie ihm folgen. Doch dann verbot er es ihr und verlangte stattdessen, dass sie sich um sein Werk kümmerte.

Das tat Claire Goll in den folgenden Jahrzehnten, unbeirrbar und manchmal manipulativ. Sie schrieb ihre nur schwer erträglichen, vor Larmoyanz und Dünkel triefenden Memoiren, *Ich verzeihe keinem* (1978), in denen sie als rachsüchtige Künstlerwitwe verbittert und böse mit allen abrechnete, auch mit Paula Ludwig. Sie spann die Legende von Iwan und Claire, den großen Liebenden, weiter. Sie übersetzte die *Malaiischen Liebeslieder* ins Deutsche, ohne zu wissen, dass Iwan sie selbst auf Deutsch geschrieben hatte, für Paula. Sie bezichtigte Paul Celan, der nach dem Krieg ein Freund Iwans geworden war und seine Gedichte übersetzt hatte, des Plagiats. Ein Skandal, der in die Literaturgeschichte der Bundesrepublik einging.

Nur einer entging ihren hasserfüllten Tiraden: Iwan Goll blieb ihr Idol, als Schriftsteller und als Mann. Weil sie unbedingt neben ihm auf dem Friedhof Père-Lachaise in Paris beerdigt werden wollte, versagte sie sich in ihren letzten Lebensjahren sogar zu fliegen, weil sie Angst hatte, im Fall eines Absturzes nicht nach Paris zurückgebracht zu werden.

Virginia Woolf
1882 – 1941

Leonard Woolf
1880 – 1969

Vita Sackville-West
1892 – 1962

»Liebster Hirtenhund.«

VIRGINIA WOOLF an Vita Sackville, 1. März 1926

Geist und Sinnlichkeit

Im Zentrum dieses Kapitels steht Virginia Woolf, die mit dem Autor und Verleger Leonard Woolf verheiratet war und mit Vita Sackville-West, die gut verkäufliche Unterhaltungsromane und Reiseberichte schrieb, eine Freundschafts- und Liebesbeziehung führte.

Als Virginia Woolf ihre Freundin Vita und deren Mann Harold Nicolson 1926 zum ersten Mal in den legendären Bloomsbury-Kreis junger, aufstrebender Literaten einführte, kamen die neuen Gäste schlecht an: nicht intellektuell genug und blass.

Die beiden Frauen waren sich bereits einige Jahre zuvor, im Dezember 1922, begegnet und augenblicklich voneinander fasziniert. Dennoch sahen sie sich in den darauffolgenden Monaten nicht wieder, als hätten sie Angst vor der Heftigkeit ihrer Gefühle. Virginia war mit Leonard Woolf verheiratet, Vita hatte mit Harold Nicolson zwei Söhne, obwohl beide homosexuell waren. Erst als die Woolfs 1924 vom Land zurück nach London zogen, traten die Frauen wieder in Kontakt.

FREUNDINNEN

Die beiden könnten unterschiedlicher nicht sein. Vita bewunderte in Virginia die Schriftstellerin, Virginia in Vita die Frau. Beide hatten genau das, was der anderen fehlt. Das zog sie gegenseitig an.

Vita Sackville-West war Gastgeberin, Mutter, Dame. Sie stammte aus dem Hochadel, war gewöhnt zu befehlen und von einer umwerfenden Schönheit und Körperpräsenz.

Was Vita an Sinnlichkeit hatte, war bei Virginia Woolf Geist. Sie war kränklich, selbstmordgefährdet, intellektuell, bestach durch ihre Luzidität. Und sie war sexuell unerweckt, auch in ihrer Ehe mit Leonard Woolf. Virginia bewunderte Vita, weil sie sich »vierzehntausend Wörter in der Woche abringt«, während sie selbst mit zäher Langsamkeit an *Mrs. Dalloway* schrieb und den inneren Monolog erprobte oder erfand. Virginia korrigierte die Manuskripte der Freundin, und Vita erkannte neidlos Virginias geistige Überlegenheit an.

AUS FREUNDSCHAFT WIRD LIEBE

Im Dezember 1925, als Virginia für drei Tage in Long Barn bei Vita zu Besuch war, während Vitas Mann Harold Nicolson, ein Diplomat, sich in

Harold Nicolson.

Persien aufhielt, wurde die Beziehung sexuell. Bei Vita lernte Virginia die Freuden der körperlichen Liebe kennen, von der sie sich bisher ferngehalten hatte. Wann immer es möglich war, waren die beiden künftig zusammen. Aber ihnen blieb nicht viel Zeit, denn Vita Sackville folgte ihrem Mann im Januar 1926 nach Teheran. Das Buch, das auf dieser Reise entstand, würde sie im November 1926 bei Hogarth Press, dem Verlag der Woolfs, veröffentlichen. Auch um dieses Buch ging es in den vielen Briefen, welche die beiden Frauen sich schrieben. Meistens, wenn beide in England wa-

*»Ich vergleiche mein analphabetisches
Schreiben mit Deinem gelehrten und schäme mich.«*

VITA SACKVILLE-WEST an Virginia Woolf, 8. Dezember 1925

ren, drehte sich die Korrespondenz aber um Verabredungen, die ersehnt, bestätigt, verschoben wurden. Denn Vita Sackville-West hatte viele gesellschaftliche Verpflichtungen, und Virginia Woolf war oft kränklich. Im Jahrestakt veröffentlichte Vita Romane, Biografien, Erzählungen, Lyrik. Sie produzierte schnell, schrieb »zu flüssig«, wie Virginia Woolf bemängelte: »Sie pflügt nie neuen Boden um. Sie sammelt ein, was die Flut ihr vor die Füße schwemmt. Zum Beispiel folgt sie, mit reinem Instinkt, allen überlieferten Traditionen in Sachen Einrichtung, sodass ihr Haus geschmackvoll ist, strahlend, imposant, doch ohne etwas Neues oder Abenteuerliches. Ebenso ihre Dichtung, wage ich zu behaupten.«

FÜRSORGER UND VERLEGER

Leonard hatte genug Erfolg auf anderen Gebieten, um Virginia ohne Hintergedanken zu fördern. Er spürte, dass ein handwerklicher Ausgleich wichtig für seine Frau wäre, um dem Chaos in ihrer Seele, das beim Schreiben immer wieder hervorbrach, ja sogar so etwas wie Bedingung dafür war, zu begegnen. So kaufte er 1917 eine Druckerpresse, und der Verlag Hogarth Press, benannt nach dem Haus in Richmond, wo sie von 1914 bis 1924 lebten, wurde gegründet. Dort wurden die Bücher von Virginia Woolf herausgegeben. Die Druckerpresse stand anfangs im Wohnzimmer, die Bücher wurden von Hand gedruckt. Das erste war *Two Stories*, für das beide je eine Geschichte geschrieben hatten. Virginia war die Lektorin, während Leonard sich um die Buchhaltung kümmerte. Spätere Verlagsautoren waren Sigmund Freud, Vita Sackville-West und viele andere.

Leonard war Virginia Woolfs erster Leser, und er übte nie Kritik an ihrem Schreiben, einerseits, weil er ihre Arbeit wirklich bewunderte, andererseits, weil er wusste, dass jegliche Kritik sie destabilisieren würde. Weil ihre Bücher im eigenen Verlag erschienen, musste sie sich nicht dem Urteil von Lektoren und Verlegern aussetzen – ein Segen für sie.

Die Liebes- und Arbeitsbeziehung zu ihrem Mann überdauerte auch die Beziehung zu Vita Sackville-West, die nach drei Jahren, um 1928, von Liebe zu Freundschaft wurde. Durch seine unerschütterliche fürsorgliche Art sorgte er dafür, dass sie schreiben konnte. Während die Freundin wohl eher Unruhe, Begehren und Eifersucht in ihr Leben brachte.

In ihrem Abschiedsbrief an Leonard schrieb Virginia Woolf denn auch von ihrer großen Liebe zu ihm. »Wenn mich einer hätte retten können, dann wärst es Du gewesen … Ich kann dir nicht weiter dein Leben zerstören. Ich glaube nicht, dass zwei Menschen hätten glücklicher sein können, als wir es waren.«

Es stimmt aber nicht, wie sie vermutete, dass sie ihn vom Schreiben abhalten würde. Er hat während ihrer Ehe siebzehn Bücher verfasst.

Drittes Kapitel

Nur ein Sommer

So manche Liebe hält nicht. Nach einer Zeit, die mal kürzer, mal länger sein kann, verblassen die Gefühle füreinander. Oder die Zeitumstände sind gegen die Verbindung, wie es bei Irmgard Keun und Joseph Roth der Fall war. Man befand sich im Exil, man hatte die Gestapo im Nacken, man musste zusehen, wo man blieb. Allein war es schon kaum zu schaffen ...

Oder die eine fühlte sich ausgenutzt wie Harper Lee und kann das dem Partner nicht verzeihen, der zudem Männer liebt und dessen Narzissmus eine echte Beziehung unmöglich macht. Bei George Sand und Alfred de Musset mag es trotz aller Liebe die andere Arbeitsauffassung gewesen sein: sie eine manische Arbeiterin, er ein Müßiggänger.

Schon möglich, dass man sich dann nachtrauert.

Harper Lee
1926 – 2016

Truman Capote
1924 – 1984

»Unser Nationalroman.«

OPRAH WINFREY über *Wer die Nachtigall stört*

Zwei literarische Weltstars

Zwei Autoren, die sich seit Kindertagen kannten. Beide wurden über Nacht berühmt und erreichten literarischen Weltruhm: Harper Lee mit *Wer die Nachtigall stört* und Truman Capote mit *Kaltblütig*. Das hatte Auswirkungen auf ihre Beziehung. In diesem Fall entstand sogar das Gerücht, Capote habe Harper Lees Roman geschrieben. Ein Gerücht, dass sich erst Ende 2014 endgültig als falsch erwies, als ein weiteres Manuskript der Autorin auftauchte.

FREUNDE SEIT KINDERTAGEN

Als Kinder verzogen sie sich in ein Baumhaus und lasen. Als Harper eine Schreibmaschine, eine Underwood Nr. 5, geschenkt bekam, schrieben sie ihre Geschichten auf. Jeden Tag arbeiteten sie eine oder zwei Stunden lang, wobei Capote in einem Interview sagte, er sei die treibende Kraft dafür gewesen. Mit acht Jahren zog er zu seiner Mutter nach New York, kam aber im Sommer regelmäßig nach Alabama und zu Harper Lee zurück. Er tat in

New York alles, um aufzufallen, schwänzte die Schule, war respektlos und forderte sein Recht auf seine Homosexualität ein; sie blieb in Alabama eine Außenseiterin, die sich allem weiblichen Schnickschnack versagte. Sie rauchte Pfeife, trug unschöne Kleider und ging am Sonnabend nicht tanzen. Als sie dreiundzwanzig war, gab sie ihr Jurastudium auf und ging nach New York, wo Truman Capote nach dem Erscheinen von *Andere Stimmen, andere Räume* inzwischen ein gefeierter Autor war. Aber sie sahen sich nicht oft, beide lebten in zu unterschiedlichen Milieus, er im Jetset, sie immer noch als Einzelgängerin. Mehr als vier Jahre lang schrieb Harper Lee an ihrem Buch, oft darüber verzweifelnd und ihre Ängste mit Alkohol betäubend.

Beide setzten dem jeweils anderen ein literarisches Denkmal, indem sie eine Figur in ihrem Roman nach ihm bildeten. In beiden Fällen ist es eine Freundschaft zwischen Kindern, die beschrieben wird. Truman Capote ist Charles Baker Harris, genannt Dill. Harper Lee ist die Vorlage für Idabel in *Andere Räume, andere Stimmen*. Das macht ihre enge Bindung deutlich, aber auch den Einfluss, den sie gegenseitig auf ihr Schreiben nahmen.

KALTBLÜTIG UND NACHTIGALL

Im November 1959, als Harper Lee auf die Druckfahnen ihres ersten Romans wartete, wurde in einem Dorf in Kansas eine Familie, Vater, Mutter und zwei Kinder, in ihrem Haus getötet. Truman Capote war fasziniert von dem Fall und fuhr nach Kansas, um darüber zu berichten. Er bat Harper, ihn zu begleiten. Als zwei Verdächtige gefasst und der Presse präsentiert wurden, war es um Capote geschehen: In dem Angeklagten Perry Smith erkannte er sein Alter Ego. Die Idee für seinen Roman *Kaltblütig* kam ihm in diesem Moment.

Harper Lee sorgte dafür, dass die verwunderten Bewohner der Kleinstadt überhaupt mit dem in einem roséfarbenen Negligé auftauchenden Capote redeten. Sie transkribierte die Gespräche mit Zeugen und den Angeklagten, machte Notizen, protokollierte das Ge-

richtsverfahren, wobei sich ihre juristischen Kenntnisse als vorteilhaft erwiesen.

Dann, 1960, kam mit *Wer die Nachtigall stört* Harper Lees eigener großer Erfolg, der sie traf wie ein Schlag auf den Kopf, wie sie sagte. Sie hatte den Roman für das gute Gewissen Amerikas geschrieben, gekrönt mit dem Pulitzer-Preis, mit Millionenauflagen und Übersetzungen in vierzig Sprachen.

Truman Capote schrieb die nächsten sechs Jahre an *Kaltblütig*. Und beneidete seine Freundin um den Preis, den er selbst gern haben wollte. Sie arbeitete an ihrem zweiten Roman, war aber bereit, als seine Forschungsassistentin anzureisen, wann immer er sie für die Recherche brauchte.

Kaltblütig wurde eine Sensation. Das Buch war Harper Lee gewidmet – daneben dem Lebenspartner Truman Capotes. Aber er dankte ihr nicht öffentlich für die Mitarbeit, leugnete ihren Teil an der Entstehung des Buches. »Sie leistete mir Gesellschaft, als ich dort draußen war ... Sie führte einige Interviews durch; tippte ihre eigenen Notizen ... Sie war extrem hilfreich am Anfang.« Harper Lee war wütend und fühlte sich zurückgesetzt. Ihre enge Freundschaft bekam Risse.

RAMPENLICHT UND RUHEBEDÜRFNIS

Ende 2014 wurde dann bekannt, ein zweiter Roman von Harper Lee sei aufgetaucht, der jahrzehntelang unter anderem Material vergessen gewesen sei. *Go Set a Watchman* (*Gehe hin und stelle einen Wächter*) wurde schon vor *Wer die Nachtigall stört* geschrieben, als eine Art Vorstufe, damals jedoch von der Autorin auf Anraten ihres Lektors beiseitegelegt. Allerdings ist der Inhalt des Romans verstörend. Atticus Finch, der Vorkämpfer für die Gleichberechtigung der Schwarzen, wird hier im Alter zu einem Rassisten, vor dem die Tochter nach New York flieht. Ihr Lektor riet ihr, diese Passagen zu streichen und stattdessen die Kindheitserinnerung von Scout, seiner Tochter, in den Vordergrund zu rücken. »Ich war eine Debütautorin und tat, was man mir sagte«, erklärte sie der *New York Times* in einem Interview.

Nach dem Erscheinen ihres ersten und einzigen Romans veröffentlichte Harper Lee nie wieder ein Buch, weil ihr die Texte nicht gut genug erschienen. Sie hasste das Rampenlicht, nach dem Capote süchtig war, sie gab kaum Interviews und lebte zurückgezogen. Die Beziehung zwischen den beiden kühlte ab, sie sollen fünfzehn Jahre lang nicht miteinander gesprochen haben.

Irmgard Keun
1905 – 1982

Joseph Roth
1894 – 1939

> »Die Keun versucht, Roth den Alkohol
> abzugewöhnen, Sepp, ihn ihr anzugewöhnen.
> Ich befürchte, Roth wird siegen.«
>
> EGON ERWIN KISCH

Wenn wir alle gut wären

Mit Keun und Roth trafen sich zwei, die sich nicht guttaten. Beide tranken. Vielleicht war ihre Beziehung deshalb nur kurz. Sie lernten sich im Sommer 1936 in Ostende kennen, als beide dort im Exil waren. Irmgard Keun hatte Deutschland im Mai verlassen, weil ihre Bücher verboten waren. Asphaltliteratur war nicht länger angesagt. Sie fuhr nach Ostende, wohl eher zufällig wählte sie diesen Ort, weil sie dort als Kind Ferien mit ihren Eltern verbracht hatte.

Joseph Roth war um diese Zeit nicht nur finanziell ziemlich am Ende. Vorschüsse für noch nicht geschriebene Romane waren bereits ausgegeben. Er versprach sich Hilfe von seinem Freund und Mentor Stefan Zweig, der ihn schließlich nach Ostende einlud. Keun war eine schöne junge Frau, Roth ein vom Alkohol gebeugter Mann, struppig der Bart und das Haar, mit schlechten Zähnen. »Meine Haut hat sofort ›Ja‹ gesagt«, schrieb sie.

Es war keine gute Zeit für eine neue Liebe. Ihre Bücher konnten unterschiedlicher nicht sein. Irmgard Keun schrieb über die jungen selbstbewussten, sexuell befreiten Frauen, die als Stenotypistinnen und Angestellte auf der Suche nach wirtschaftlicher Unabhängigkeit und »Glanz« waren. Joseph

Roth lebte in der Vergangenheit, im Kosmos historischer Texte. Sie stand am Anfang ihrer Karriere, die unterbrochen wurde, weil die Nazis ihre Bücher verboten; er war der bewunderte Literat am Ende seiner Kräfte. Beide waren dem Alkohol verfallen und bestärkten sich in ihrer Trunksucht. Das konnte nicht gutgehen.

Und beide lebten in festen Beziehungen. Irmgard Keun war (noch) verheiratet, mit dem Schauspieler und Regisseur Johannes Tralow – und dann gab es da noch Arnold Strauss, einen jüdischen Arzt, der in die USA emigriert war und dem sie die Ehe versprochen hatte. In zahllosen Briefen vertröstete sie ihn und forderte vor allem Geld, immer wieder und in drastischen Worten. Joseph Roth trennte sich gerade von seiner langjährigen Freundin Andrea Manga Bell, die aus Kamerun stammte und mit einem afrikanischen Prinzen verheiratet war.

Doch was genau geschah zwischen ihnen in den eineinhalb Jahren, vom Juli 1936 bis zum Januar 1938, als sie ein Paar waren?

Stefan Zweig hatte seinen Freund Joseph Roth nach Ostende eingeladen, damit er dort ungestört arbeiten konnte. Die Kischs machten sie in einem Lokal miteinander bekannt.

»Als ich Joseph Roth zum erstenmal in Ostende sah, da hatte ich das Gefühl, einen Menschen zu sehen, der einfach vor Traurigkeit in den nächsten Stunden stirbt. Seine runden blauen Augen starrten beinahe blicklos vor Verzweiflung, und seine Stimme klang wie verschüttet unter Lasten von Gram.« Mit diesen Worten beschrieb Irmgard Keun die erste Begegnung 1947 in ihrem Erinnerungsbuch *Wenn wir alle gut wären*.

Wenige Tage nach ihrer ersten Begegnung zog er zu ihr ins Hotel. Bis Oktober 1936 wohnten beide im Hôtel de la Couronne im Zentrum von Ostende, neben dem Bahnhof mit Blick auf den Hafen. »Schreibe von morgens bis abends in einem Café am Place d'Armes, das ich erzogen habe, hier und da Schnaps auszuschenken. In der anderen Ecke sitzt Roth und schreibt. Manchmal schlafe ich für eine halbe Stunde am Kaffeehaus-Tisch ein.« Er saß hinten, wo das Sonnenlicht nicht

> *»Ich habe den ganzen Tag gearbeitet.*
> *Am Abend hatte ich zehn Verse gemacht*
> *und eine Flasche Schnaps getrunken;*
> *sie hatte einen Liter Milch getrunken und*
> *ein halbes Buch geschrieben.«*

ALFRED DE MUSSET, Ende 1833

Die Liebenden von Venedig

Ihre Liebe ist der Inbegriff für eine Leidenschaft mit schlimmem Ausgang. Keine andere Liebesbeziehung ist häufiger nacherzählt worden wie die zwischen George Sand und Alfred de Musset. Jede kleinste Einzelheit ihres Aufenthalts in Venedig ist erforscht. Alfred de Musset hat sich nie wieder von der Trennung erholt, die seine literarische Kreativität lähmte. Beide haben ihre gescheiterte Beziehung in Büchern verarbeitet. Und dennoch habe ich keine Hinweise darüber gefunden, dass sie sich während des Entstehungsprozesses je über ihr Schreiben ausgetauscht hätten. In jedem Fall war sie die disziplinierte Arbeiterin, die auch ihn von seinem Müßiggang abbringen wollte.

EINE AUSNAHMEFRAU

George Sand war eine erfahrene Frau und eine anerkannte Autorin, als sie sich im Juli 1833 Alfred de Musset hingab. Immerhin hatte sie bereits mit siebzehn geheiratet, einen Mann, der keine Ahnung davon hatte, was eine

»Niemals hat ein Mann so geliebt, wie ich dich liebe.«

ALFRED DE MUSSET an George Sand, 1. September 1834

Frau in der Ehe erwarten kann, und von dem sie sich schon lange getrennt hatte. Geschieden war sie allerdings noch nicht. Drei Jahre zuvor hatte sie ihren Mann und die Provinz verlassen und war mit einem sehr jungen Liebhaber nach Paris gegangen. Hier nahm sie ihr männliches Pseudonym an, sie hieß nämlich eigentlich Aurore-Lucile Dudevant. Von sich selbst sprach sie nur in der männlichen Form.

George Sand war wohl die erste Frau, die von ihrer schriftstellerischen Arbeit leben konnte – auch wenn sie dafür arbeiten musste wie ein Tier. Immerhin hatte sie zwei Kinder zu versorgen. Sie war auch in anderen Dingen sehr ihrer Zeit voraus: Sie hatte etwas Androgynes und trug abwechselnd Männer- und Frauenkleider. Sie war zumindest einmal in eine Frau verliebt, sie rauchte in der Öffentlichkeit, sie war geschieden. Ihr Arbeitspensum war mörderisch: dreizehn Stunden am Tag war der Schnitt. Sie schrieb Bücher und Artikel, und ihre veröffentlichte Korrespondenz umfasst fünfundzwanzig Bände. Sie war politisch aktiv, kämpfte für die Revolution (nach 1848 war sie Ministerin für Propaganda) und Frauenrechte. Sie malte nicht schlecht und war eine begeisterte Gärtnerin. Und wenn sie Marmelade kochte, dann in unvorstellbar großen Mengen.

DICHTER UND DANDY

Alfred de Musset wuchs in wohlhabenden Verhältnissen auf und begann früh zu schreiben. Bereits mit siebzehn frequentierte er literarische Salons und traf Victor Hugo. Ein erstes Theaterstück wurde allerdings nach nur zwei Aufführungen abgesetzt. Musset schrieb seine weiteren Stücke nicht mehr für die Bühne, sondern als Lesefassungen. Man kann ihn sich als verwöhnten Dandy vorstellen, der sich nur um sich selbst zu kümmern hatte und damit auch ziemlich beschäftigt war.

Bei einem Abendessen der Mitarbeiter der *Revue des deux Mondes* traf er am 19. Juni 1833 die sechs Jahre ältere George Sand. An dem Abend versprach er, ihr ein unveröffentlichtes Gedicht zu schicken, sie ließ ihm die Druckfahnen ihres neuen Romans *Lelia* zukommen. Nachdem er *Lelia* gelesen hatte, in dem die Hauptperson ihre sexuellen Begierden freimütig eingesteht, gestand er ihr seine Liebe. Er schrieb ihr Liebesbriefe, sie verhielt sich abwartend, bis sie ihn am 28. Juli um Mitternacht zu sich einlud.

Die Anfänge ihrer Liebe waren leidenschaftlich, obwohl Mussets Anfälle von Wahnsinn ihr Angst machten. George Sand plante eine gemeinsame Venedig-Reise, um inkognito mit ihrem Geliebten zusammen sein zu können, denn in Paris war sie mittlerweile zu bekannt. Sie wusste aber auch von Mussets Problemen mit einem geregelten Tagesablauf, mit regelmäßigem Essen und Schlaf. Sie hoffte, das malerische Venedig würde ihn zum Schreiben animieren. Um die Reise zu finanzieren, schloss sie einige Buchverträge ab und verkaufte Manuskripte.

George Sand, um 1835, gemalt von Charles Louis Gratia.

»*Es ist sechs Uhr morgens. Ich arbeite seit sieben Uhr abends.
Ich habe in fünf Nächten ein Buch geschrieben.*«

GEORGE SAND

FIASKO IN VENEDIG

Die Reise wurde ein Fiasko. Im Dezember 1833 machten sie sich auf den Weg. Auf dem Schiff von Marseille nach Genua litt Musset unter Seekrankheit. Am 1. Januar 1934 kamen sie im Hotel Danieli an. Nach drei Tagen erkrankte George Sand an Dysenterie. Anstatt sie zu pflegen, ging er zu Prostituierten. Dann wurde er krank und sie kümmerte sich bis zur völligen Erschöpfung um ihn. Dann betrog sie ihn mit dem Arzt, Pietro Pagello. Geld wurde knapp, doch dieses Problem überließ er gern ihr. Sie schrieb Bittbriefe nach Paris. Er verließ Venedig, sie blieb bei ihrem Arzt. Doch während der ganzen Zeit schrieben sie sich Briefe. Im August kam sie in Begleitung ihres Geliebten nach Paris. Doch der Kontakt zu Musset riss nicht ab, schließlich ging Pagello zurück nach Venedig. Musset und Sand versöhnten sich und trennten sich dann endgültig nach zwei aufreibenden Jahren im März 1835. Aus Verzweiflung schnitt sie sich ihr Haar ab und schickte es ihm. Und sie bewahrte seinen letzten Brief in einem Totenkopf auf.

Mussets Weltschmerz floss in die romantische Gedichtsammlung *Nächte* ein. Er verarbeitete die Liebe zu George Sand in seinem Buch *Beichte eines Kindes unserer Zeit*. Dort verliert ein junger Mann alle Illusionen, was die wahre Liebe angeht. Sand antwortete mit *Sie und er*. Der Roman erschien nach Mussets Tod und Sand verherrlichte in ihm die Protagonistin Thérèse und beschuldigte den Geliebten Laurent. In *Sie und er* finden sich auch Hinweise auf die unterschiedlichen Arbeitsweisen der beiden: Laurent ist ein Opfer seines Genies, der seine Werke nur unter Folterqualen erschaffen kann, Thérèse hingegen wirft ihm vor, faul zu sein. Die Zeitgenossen wussten, wer gemeint war, und nahmen ihr das Buch übel. Noch heute spalten sich die Leser in Anhänger von George Sand oder Alfred de Musset.

Aber eines ist auch wahr: Die Illusion der Liebe kann nur jemand verlieren, der sie vorher erlebt hat.

George Sand-Zeichnung von Alfred de Musset, 1833.

Viertes Kapitel

Die Frau von ...

Martha Gellhorn warf Besucher hinaus, die sie auf ihren Ex-Mann Ernest Hemingway ansprachen. Und Elsa Morante hasste es, wenn gesagt wurde, sie würde ihren Erfolg der Ehe mit Alberto Moravia verdanken.

Das ist wohl die schwierigste Übung für schreibende Frauen: aus dem Schatten ihrer berühmten Männer herauszutreten, sich von der Schülerin zur selbstständig denkenden und schreibenden Frau zu entwickeln – und auch so wahrgenommen zu werden. Ich kann mich nicht erinnern, schon einmal die Formulierung: »Der Mann von ...« in literarischen Zusammenhängen gelesen zu haben.

Meistens tritt die Frau aus dem Schatten des Mannes. Auch in diesem Buch. Zu Colettes Zeiten war es noch möglich, dass ihr Mann seinen Namen unter ihre Manuskripte setzte und Tantiemen und Ruhm einstrich. Vor dem Zweiten Weltkrieg waren Frauen als Kriegsreporterinnen nicht zugelassen. Das Feld war von Männern abgesteckt. Martha Gellhorn erkämpfte sich ihren Platz in den Zeitungsspalten, aber für Ernest Hemingway war es selbstverständlich, dass er Vortritt hatte, wenn es um die Akkreditierung ging.

Martha Gellhorn
1908 – 1998

Ernest Hemingway
1899 – 1961

»Im Kriege waren wir gut. Und wenn wir nicht im Krieg waren, dann machten wir unseren eigenen.«

MARTHA GELLHORN

Hemingways Frau, die auch schreibt

Sie hasste es, wenn ihr Name erst an zweiter Stelle, nach Hemingway genannt wurde. Und es hätte ihr gar nicht gefallen, in diesem Buch auf ihre Zeit mit Ernest Hemingway reduziert zu werden. »Warum sollte ich eine Fußnote im Leben eines anderen sein?«, fragte sie. Sie wollte nie Mrs. Hemingway sein. Ernest Hemingway, der Literaturnobelpreisträger, ist der bei weitem berühmtere. Aber Martha Gellhorn war eine der wichtigsten und mutigsten Kriegsreporterinnen des 20. Jahrhunderts – und nicht nur nebenbei eine der ersten. Als sie anfing, weigerten sich die Zeitschriften noch, Frauen in Krisengebiete zu schicken.

Neben ihren Reportagen schrieb sie Romane, denn eigentlich sah sie sich als Schriftstellerin, nicht als Journalistin. Martha Gellhorn fragte nie: »Wie geht es dir?«, sondern immer: »Woran arbeitest du?«, berichtete eine alte Freundin. Über ihrem Schreibtisch hing ein Schild: *travail – opium unique (Arbeit, die einzigartige Droge)*.

*»Bist du eine Kriegsreporterin
oder die Frau in meinem Bett?«*

ERNEST HEMINGWAY

DIE KRIEGSREPORTERIN

Geboren wurde Martha Gellhorn 1908 in eine wohlhabende Familie in St. Louis. 1929 ging sie mit fünfundsiebzig Dollar in der Tasche und einer Schreibmaschine nach Paris und begann zu schreiben. Schon bald wurden Reportagen aus Krisen- und Kriegsgebieten ihre Spezialität: Deutschland 1936, Spanien während des Bürgerkriegs, der Fall der Tschechoslowakei 1938. Sie war dabei, als die Amerikaner das Konzentrationslager Dachau befreiten. Nach dem Krieg coverte sie dann die Hetzjagden McCarthys, den Eichmann-Prozess und den Vietnamkrieg. Für den Krieg in Jugoslawien fühlte sie sich zu alt. 1998 nahm sie sich, krebskrank und fast erblindet, in ihrer Londoner Wohnung das Leben. Ein bewegtes Leben, von dem sie tat-

sächlich nur eine kleine Zeitspanne, von 1940 bis 1945, mit Hemingway verheiratet war. Es sieht so aus, als hätte sie viel Energie darauf verwendet, ihre Ehe mit Ernest Hemingway im Nachhinein zu relativieren.

Martha Gellhorns erste große Liebe war der französische Journalist Bertrand de Jouvenel (der als Siebzehnjähriger eine langjährige Affäre mit seiner Stiefmutter Colette eingegangen war. Zu ihr im nächsten Kapitel). Sie hatte kein Glück mit der Liebe oder auch nur mit Gefühlen, sexuelle Erfüllung fand sie erst spät, allerdings nicht mit Hemingway. Sie adoptierte einen Sohn, zu dem sie später grausame Dinge sagte (»Ich würde mich schämen, wenn ich du wäre. Ich würde von einer Klippe springen.«).

1939 kauften sie und Hemingway eine große Finca in Havanna. Bei der Besichtigung zeigen die Führer heute auch den Schreibturm, den sie für ihn gebaut, den er aber nie betreten hat. Abends wurde immer ein Gedeck zusätzlich aufgelegt, für etwaige Gäste. Und er schoss ab und zu aus dem Wohnzimmerfenster.

EHE MIT EINEM MACHO

In ihren Briefen gab Martha Gellhorn Einblick in ihre Ehe mit Hemingway. Sie bezeichnete ihn als egomanisch, unfähig, mit einer Frau, die ihm literarisch Konkurrenz machen konnte, das Bett zu teilen. Im Nachhinein bedauerte sie die Zeit mit ihm, in der sie ihm bei seiner Eitelkeit zusah, in der immer seine Arbeit im Vordergrund stand. »Mit anzusehen, wie er sein Abbild verehrt, so behutsam und nachsichtig und so präzise im Detail. Ich beweine die acht, beinah acht Jahre, die ich damit zugebracht habe, mit ihm sein Abbild zu verehren.«

Sie war Ernest Hemingways dritte Frau. Sie trafen sich Ende 1936 in Key West. In Spanien tobte der Bürgerkrieg. Als Hemingway als Reporter dorthin ging, folgte sie ihm. Er schloss sie anfangs in ihrem Hotelzimmer in Madrid ein, damit

man sie nicht für eine Prostituierte hielt. Aber Martha Gellhorn ließ sich nicht einschließen. Sie wollte berichten und schreiben. Sie entwickelte einen eigenen Stil der Reportage: Sie zeigte die menschlichen Schicksale, die der Krieg hervorbringt, nicht Taktiken oder Schlachten. Sie erzählte nicht von Kämpfen unter Männern, sondern ging in die Häuser der Zivilisten, fragte dort nach den Geschichten, in Krankenhäuser, in denen verletzte Kinder lagen.

Sie hatten komische Namen füreinander: Er nannte sie Marty, sie ihn Pup-pup oder liebste Laus, später bezeichnete sie ihn auch als UB, unwilliger Begleiter. Er revanchierte sich, indem er sie als »talentfrei, aber mit dem Ehrgeiz Napoleons« beschrieb.

1943 verließ sie die Finca in Havanna, um nach Italien zu gehen. Hemingway gefiel das nicht.

1945 war Martha Gellhorn für die Zeitschrift *Collier's* akkreditiert, um von der Landung der Alliierten in der Normandie zu berichten. Hemingway hatte keine Skrupel, ihr den Auftrag wegzuschnappen.

Martha war keinesfalls gewillt, das hinzunehmen. Sie betrat eines der Invasionsschiffe unter dem Vorwand, sie wolle Krankenschwestern befragen. Dann versteckte sie sich an Bord und ging mit den Soldaten an Land. Sie befand sich also am D-Day am vielumkämpften Strand, Hemingway »nur« auf einem Schiff. Das konnte er nur schwer verwinden.

GESCHIEDEN VON TISCH, BETT UND SCHREIBTISCH

Nach der Scheidung vermied sie es, seinen Namen zu nennen, und sie wollte auf keinen Fall die Frau an seiner Seite sein. Gelungen ist ihr das nur zum Teil. Es war schwer, an der Seite von Ernest Hemingway – Großkotz, Großwildjäger, Abenteurer, Stierkampffan und Frauenheld – zu bestehen. Literarisch hatte er die größeren Erfolge. Seine Bücher wurden verfilmt (*Der alte Mann und das Meer*, *Haben und Nichthaben*, *Wem die Stunde schlägt*), er erhielt den Pulitzer- und den Nobelpreis für Literatur. Ganzen Generationen von jungen Autoren war er Vorbild. Es war nicht immer leicht, den Großmacho zu geben. Hemingway setzte seinem Leben ein Ende. Er erschoss sich, wie es sich für ihn gehörte, mit einem großkalibrigen Gewehr.

1950, nachdem sie schon getrennt waren, fasste Martha Gellhorn ihre Beziehung noch einmal zusammen: »Ich konnte seine Rauhbeinigkeit nicht ausstehen, weil ich sie durchschaute; die Tapferen müssen nicht brutal sein, die Tapferen können sanft sein. Die Rauheit ist eine Pose, mit der man sich alle Gemeinheiten und Borniertheiten leisten kann. (...) Ich habe ihn verlassen, weil er, unabhängig von mir, verachtenswert wurde; ich konnte ihn weder aufhalten noch irgendjemanden schützen, und ich verabscheue ihn. (...) Ernest war der Überzeugung, Frauen verstünden nur Gewalt; wenn sie ihm störrisch kamen (wie ich), musste man sie nur noch mehr schlagen ...«

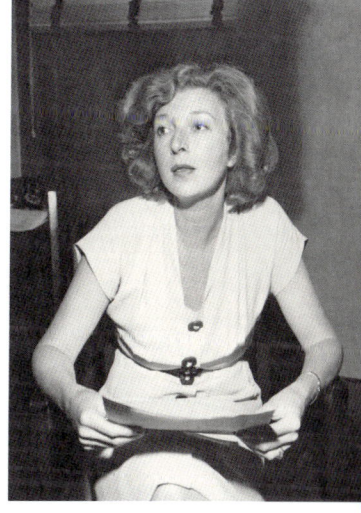

Sidonie-Gabrielle Colette
1873 – 1954

Henry Gauthier-Villars (Willy)
1859 – 1931

Willy: (Ich bin der) Vater der Claudines.
Colette: Sie sind aber auch meine Töchter.

Claudine erwacht zum Schreiben

Im Jahr 1900 erschien der Roman *Claudine erwacht*, in dem Sidonie-Gabrielle Colette ziemlich autobiografisch ihre Teenager-Jahre beschreibt, mit einem Alter Ego namens Claudine, die hübsch, respektlos, sexuell interessiert, kurz: ein Skandal ist. *Claudine erwacht* wurde einer der größten französischen Bestseller aller Zeiten. Der Erfolg war so groß, dass vier Fortsetzungen folgten. Allerdings wurde der Roman erst wahrgenommen und gekauft, nachdem Colettes Ehemann Henry Gauthier-Villars seine vielen einflussreichen Freunde angestiftet hatte, möglichst positive Besprechungen in den Zeitungen zu lancieren. Erst dann verkauften sich innerhalb weniger Monate vierzigtausend Exemplare. Und auf dem Buchumschlag war als Autor nicht Colette angegeben, sondern Willy, einer der vielen Künstlernamen, die sich ihr Ehemann gegeben hatte. Er verfuhr mit vielen Texten so: Andere schrieben für ihn, er setzte lediglich seinen Namen darunter. Jahre nach ihrer Trennung warf Colette ihm öffentlich vor, nie auch nur eine einzige Zeile selbst geschrieben zu haben.

BEKEHRUNG ZUM SCHREIBEN

Henri Gauthier-Villars betrog Colette um die Rechte an ihren *Claudine*-Romanen. Das ist unerhört und ein Verbrechen. Aber Willy brachte seine Frau auch zum Schreiben. Einfach, indem er sie einschloss und erst wieder herausließ, wenn sie genügend Seiten produziert hatte. In einem Radio-Interview relativierte sie 1949 diese hübsche Legende. In Paris habe er sie nicht eingesperrt, aber auf dem Land habe er sie manchmal zur Ordnung rufen müssen, weil sie einen starken Drang zum Herumstreunen verspürt habe. Colette hasste nämlich das Schreiben. Sie wäre ohne Willy vielleicht nie zu der berühmten, reichen Autorin geworden, zu »einer der größten Prosastilistinnen Frankreichs« (Judith Thurman).

Colette erzählte, sie habe die Geschichte von Claudine in mehrere Hefte geschrieben, die dann in Willys Schreibtisch vergessen wurden. Er fand sie eines Tages beim Aufräumen wieder, las sie und suchte einen Verleger. Und er forderte sie zu Änderungen auf, setzte hinzu, kürzte, veränderte. Das Originalmanuskript ist verlorengegangen, doch so ungefähr muss es sich abgespielt haben, ohne dass der genaue Anteil von beiden geklärt werden könnte. Aber Willy arbeitete eindeutig darauf hin, als Verfasser zu gelten. So ließ er immer wieder in die Unterhaltung einfließen, Colette habe ihm »reizende Sachen aus ihrer Volksschulzeit erzählt«. Und spätestens, als er die Rechte in seinem Namen verkaufte, dürfte bewiesen sein, dass er sie ausgenutzt und betrogen hatte.

Colette war zwanzig, als sie den vierzehn Jahre älteren Willy heiratete. Willy war Literat und ein einflussreicher Journalist, der unter seinem Namen Gauthier-Villars einen Verlag im obersten Stockwerk eines Hauses am Quai des Grands-Augustins in Paris betrieb. Willy war ein stadtbekannter Libertin. Offenbar hatte er trotz – oder gerade wegen – seiner Behäbigkeit und Massigkeit eine große Anziehungskraft auf Frauen. Er kannte Colette schon als Kind, weil sie ihren Vater häufig bei seinen Besuchen in die Druckerei begleitet hatte. Bei diesen Gelegenheiten soll er sie mit Süßigkeiten vollgestopft haben. Sie schrieben sich Liebes-

briefe, schließlich, 1893, heirateten sie und Colette ging mit ihm nach Paris, wo er sie in die literarischen und künstlerischen Zirkel der Stadt einführte.

HERAUSTRETEN AUS DEM SCHATTEN

Irgendwann musste Willy begonnen haben, vom kindlichen Du zum Sie überzugehen. Allerdings schockierte er sie auch mit seinen Affären und mit der Aufforderung, doch lesbische Beziehungen einzugehen. Colette verfasste Theaterkritiken. Zur Jahrhundertwende erschien dann *Claudine erwacht*, der Roman, den sie schon vier Jahre zuvor beendet hatte.

Sehr rasch trat Colette aus dem Schatten ihres Mannes – wenn sie jemals dort gewesen war, dazu war sie viel zu selbstbewusst und keck. Sie machte Eindruck in den literarischen Salons und den Redaktionsräumen. Bücher wurden ihr gewidmet, Lobeshymnen geschrieben.

Colette stammte aus einem verarmten Elternhaus. Ohne Mitgift waren ihre Chancen auf eine vorteilhafte Heirat gleich null. Ein Aufstieg über die Bildung wäre ihr vom Intellekt her ohne weiteres möglich gewesen, war aber in der damaligen französischen Gesellschaft, in der die Schulbildung für Frauen sich auf ein paar Jahre Grundschule beschränkte, nicht vorgesehen. Ihr Los wäre eigentlich eine Ehe mit einem Mann gewesen, der sie *trotzdem genommen hätte*, eine Ehe mit vielen Kindern und viel Hausarbeit, die keinen Raum für Bücher gelassen hätte. Hätte Gauthier-Villars sie nicht geheiratet und nach Paris geholt, vielleicht wäre aus ihr nie die große Schriftstellerin geworden. Weil er sie zum Schreiben brachte und sie in die Welt der Bühne und der Bücher einführte, schuf er die Voraussetzungen für ihren späteren Erfolg.

DIE SCHREIBWERKSTATT

Ab 1903 betreiben beide eine Art Schreibwerkstatt, in der sie unter verschiedenen Pseudonymen für neunundvierzig Zeitungen Texte produzierten. Auch die Romane entstanden in

Gemälde von René Carrère, 1918.

»Nein, ich wollte nicht schreiben ... ich fühlte, dass ich sogar dafür gemacht war, nicht zu schreiben.«

COLETTE

einer »Fabrik«. Mehrere Sekretäre und angestellte Autoren steuerten einzelne Passagen, Kapitel und Themen bei. Welche Passagen aus welcher Feder stammen, lässt sich nicht mehr feststellen, aber Colette hatte ihren Anteil daran. Sie wurde als *Patronne*, als Chefin bezeichnet. Der gewaltige Textausstoß wurde notwendig, um den aufwendigen Lebensstil des Paars zu finanzieren.

Allerdings hatte Colette bald genug von dieser Ehe. Sie wollte immer beides: die Unschuld des ländlichen Lebens als junges Mädchen und die sexuelle Freiheit einer Frau in der Metropole Paris. Sie wollte einen starken Mann, dem sie sich unterwerfen konnte, und gleichzeitig hasste sie diese Abhängigkeit. In ihrer Ehe begann es zu kriseln, vielleicht liegt hier auch der Grund, warum sie seit 1904 ihre Bücher als »Colette Willy« signierte.

Endlich trat sie aus ihrer Anonymität heraus, obwohl in Paris schon länger gemunkelt wurde, sie würde hinter den *Claudine*-Romanen stecken. Sie begann eine Bühnenkarriere als Pantomimin und Tänzerin und war dabei so leicht bekleidet, dass die Polizei einschritt. 1906, nach dreizehn Jahren Ehe, verließ sie Willy und begann ein Verhältnis mit einer Frau. Zu diesem Zeitpunkt endete auch die Produktion der Schreibwerkstätten, was einen Rückschluss auf Colettes Beteiligung zulässt.

DER STREIT UM CLAUDINE

Auch nach der Trennung hingen die beiden aneinander. Colette machte mehrere Vorschläge, wie sie auch künftig zusammenleben könnten: in einer Ehe zu dritt oder in Südamerika. Willy war hoch verschuldet und verkaufte in seiner Not die Rechte an den *Claudine*-Romanen. Als Colette davon erfuhr, war sie außer sich und ließ sich vertraglich versichern, dass in Zukunft beide Namen als Verfasser genannt würden, obwohl sie der Meinung war, dass »diese Bücher ... ganz und gar mir gehören (in moralischer Hinsicht)«. Die beiden trugen

ihren Streit öffentlich in Pariser Zeitungen aus. Colette hatte keine Angst vor Skandalen, ihr ganzes Leben lang nicht. So verführte sie mit über vierzig Jahren Bertrand de Jouvenel, den siebzehnjährigen Sohn ihres zweiten Mannes, und hatte eine lange Beziehung mit ihm.

Sie schrieb ihr ganzes Leben lang, das Schreiben war die Konstante, während die Ehemänner und Geliebten und selbst die Mutterschaft eher am Rande eine Rolle spielten. Sie schrieb bis zur körperlichen Erschöpfung. So entstanden sechzig Bücher, Romane und Erinnerungen, sowie zweitausend Zeitungsartikel und Theaterstücke. Colette wurde 1945 als zweite Frau überhaupt in die Akademie für den Goncourt-Preis gewählt. Als sie 1954 starb, erhielt sie ein Staatsbegräbnis, eine kirchliche Bestattung wurde ihr aber wegen ihres skandalösen Lebenswandels (die offizielle Begründung waren ihre beiden Scheidungen) verwehrt. Das hätte ihr wahrscheinlich sogar gefallen.

Die Bücher von Willy werden heute nicht mehr gelesen, sie sind zu sehr in ihrer Zeit verwurzelt. Selbst in Antiquariaten sucht man oft vergeblich nach ihnen.

Elsa Morante
1912 – 1985

Alberto Moravia
1907 – 1990

*»Zweimal täglich aßen wir in der Trattoria,
und jeder arbeitete und schlief in seinem Zimmer.«*

ELSA MORANTE

Zwei große Schriftsteller

Über zwanzig Jahre waren die beiden ein Paar, aber niemals sprachen sie über ihre Arbeit. Jeder las die Texte des anderen erst, wenn sie in gedruckter Form vorlagen. Besonders Elsa Morante weigerte sich, ihrem Mann, mit dem sie seit 1941 verheiratet war, zu zeigen, woran sie gerade arbeitete. In einem Brief an die Frau von Moravias Verleger bezeichnete sie sich als »Ideenmillionärin«. Sie könne es sich leisten, ein paar Ideen zu verschenken (an Moravia), habe aber Angst, dass man später *ihr* Plagiatsvorwürfe machen könnte.

EIN GEFÜHL DER UNTERLEGENHEIT

Die Crux mag darin gelegen haben, dass Alberto Moravia bereits ein anerkannter Schriftsteller war, als er die elf Jahre jüngere Elsa Morante 1936 traf, die sich mit dem Schreiben von Diplomarbeiten über Wasser hielt. Hinzu kam, dass sie aus kleinen

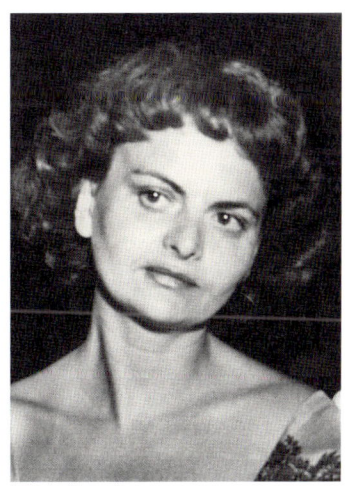

139

Verhältnissen stammte, er aus einer wohlhabenden bürgerlichen Familie. Sie fühlte sich ihm immer unterlegen und hasste es, als Frau an seiner Seite angesehen zu werden. Als er ihr einmal ein Telegramm an »Elsa Moravia« adressiert schickte, wurde sie fuchsteufelswild.

Elsa Morante wollte unbedingt eine große Schriftstellerin sein (die war sie auch), aber sie konnte nicht recht an ihre Bedeutung glauben. Während sie eruptiv schrieb, hielt Moravia im Nebenzimmer seine festen Schreibzeiten ein. Und dennoch soll Moravia sie immer für die größere Schriftstellerin gehalten haben, größer als er selbst.

»*Als ich sie kennenlernte, war sie der zarteste Mensch, den man sich vorstellen kann.*«

ALBERTO MORAVIA

Sylvia Plath
1932 – 1963

Ted Hughes
1930 – 1998

Es gibt sie, die unmöglichen Lieben. Da finden sich zwei, lieben sich, beflügeln sich, treiben sich an und schaffen Gefühle, die in Literatur umgesetzt werden. Und dann merken sie, dass es nicht geht. Dann beginnen sie sich zu zerfleischen, werfen sich gegenseitig vor, den anderen zu behindern, ihn einzuengen, ihm das Schreiben unmöglich zu machen. Sie trennen sich und leiden noch mehr, kommen wieder zusammen, versuchen es noch einmal, unter anderen Voraussetzungen, und wieder ist es vergeblich. Manchmal steht am Ende einer solchen Beziehung die endgültige Trennung, die Verteufelung dessen, was gewesen ist. Manchmal will der Schmerz, weil man nicht mehr zusammenlebt, einfach nicht vergehen. Und manchmal bleibt nur eine verzweifelte, blutige Beziehungstat, um den anderen zu bestrafen, sich von ihm zu befreien.

Fünftes Kapitel

Nicht mit dir und nicht ohne dich

Elsa Morante sprach nur sehr ungern über ihr Privatleben. Ihr Geburtsjahr wird manchmal mit 1918 angegeben, diese und andere Ungenauigkeiten stellte sie nie richtig. Das Werk eines Autors oder einer Autorin sagt genug, war ihre Meinung.

Als die Deutschen 1943 Rom besetzten, flohen beide in die Berge. Moravia behauptete später, dies sei ihre glücklichste Zeit gewesen: ein einfaches Leben, in dem es nur ums Überleben ging.

Nach ihrem Tod gab Moravia ihr *Traumtagebuch* heraus, in dem sie im Lauf des Jahres 1938 ihre Träume festgehalten hatte. Ein Problem in ihrer Beziehung war ihre sexuelle Unbefriedigtheit, von der er offensichtlich nichts ahnte, er hielt sie für kühl und »wenig leidenschaftlich«.

SCHREIBALLTAG

Ihren Schreiballtag muss man sich ungefähr folgendermaßen vorstellen: Elsa Morante schrieb in zwei Wohnungen: In der ersten dachte sie nach, in der zweiten schrieb sie nachmittags auf, was sie sich am Morgen ausgedacht hatte. »Sie musste immer um Punkt halb eins essen, denn sie nahm Aufputschmittel, um schreiben zu können. Das war eine komplizierte Angelegenheit. Wenn sie merkte, dass die Medikamente wirkten, brachte ich sie gegen vier Uhr nachmittags nach Hause. Sie verschloss die Tür, stellte das Telefon ab, war für niemanden erreichbar und verbarrikadierte sich hinter ihrem Schreibtisch. Dann arbeitete sie bis tief in die Nacht und stand erst spät am Morgen auf.« So beschrieb sie die Freundin Patrizia Cavalli.

1961 trennten sich Morante und Moravia, ohne sich scheiden zu lassen. Gegen Ende seines Lebens beschrieb Alberto Moravia die Unterschiede zwischen ihm und seiner Frau wie folgt: »Elsa Morante hasste die Wirklichkeit … die alltägliche Routine, das hieß für sie Essen vorzubereiten, zur Post gehen, ein Auto fahren usw. Ich bin nicht so. Mir gefällt die Realität in allen ihren Ausprägungen, ich mag sie so sehr, dass ich versuche sie auszudrücken und sie zu verstehen.«

»Ich bin noch nie irgendwo so glücklich gewesen wie an meinem riesigen Schreibtisch in der blauen Dämmerung, ganz für mich allein, heimlich und leise.«

SYLVIA PLATH nach der Trennung von Ted Hughes in Court Green

Angetreten als literarisches Traumpaar

Wie sie sich kennenlernten, im Februar 1956 auf einer Campusfeier, ist legendär: Sylvia Plath zog die Aufmerksamkeit durch ihre roten Schuhe auf sich. Als Amerikanerin mit unkonventionellem Auftreten fiel sie in England sowieso auf. Ted Hughes küsste sie stürmisch, sie biss ihn in die Wange, bis es blutete. Vier Monate später heirateten sie.

FLITTERWOCHEN

Sylvia Plath hatte den ernsthaften Wunsch, Familie und ihr Schreiben unter einen Hut zu bringen, obwohl ihr das Angst machte. Sie nahm ein Kochbuch mit in die Flitterwochen nach Benidorm, weil sie kochen lernen wollte. Sie bestand darauf, einzukaufen und Kaninchenragout zu machen, und sie wollte nicht einmal, dass Ted sie auf den Markt

»Wir waren wie zwei Füße, der eine nutzte alles,
was der andere tat. Es war eine Arbeitspartnerschaft,
und sie war allumfassend ... Bei jeder Kritik und jedem
Urteil herrschte unausgesprochenes Einvernehmen.«

TED HUGHES in einem Interview mit dem *Guardian*, 1965

begleitete. Das sei ihre Sache. Die Olivetti-Schreibmaschine kam allerdings auch mit nach Spanien, denn sie wollte während der Flitterwochen schreiben. Beide wollten das.

Das Schreiben war am Vormittag dran, in Spanien von halb neun bis zwölf und dann wieder von vier bis sechs am Nachmittag. Als die Kinder da waren, behielt Sylvia Plath die morgendlichen Schreibstunden bei, Ted Hughes schrieb am Nachmittag. So war es zumindest abgemacht und geplant. Ihre Arbeit begann mit einer Art Warmschreiben im Tagebuch. Dies war offensichtlich sehr wichtig für sie, nicht nur als handwerkliche Übung, sondern die Einträge waren auch unerlässliche Quelle ihrer Geschichten und Gedichte. Sie sortierte ihre Notizen, tippte die Gedichtentwürfe ab, um sie später weiterzubearbeiten.

DAS RINGEN UM RAUM

Von Juni 1957 bis Oktober 1959 lebten sie in den USA. Dass sie Kinder haben würde – viele, sie sprach von sieben –, war für sie abgemacht, aber sie wollte mindestens vier Jahre warten und jeder von ihnen sollte zwei Bücher geschrieben haben. Als sie vor der Zeit schwanger wurde, kam das einer Katastrophe gleich.

Zurück in England lebten sie in einer winzigen Wohnung am Chalcot Square im Norden der Stadt. Hier kam 1960 die Tochter Frieda zur Welt. Es war nie genug Platz in der engen Wohnung. Einmal kauften sie einen Schreibtisch, der dann nicht durch die Tür passte. Sie schrieben auf dem Bett, am Esstisch, auf Brettern. Sie mussten Schulter an Schulter sitzen und störten sich gegenseitig. Ted Hughes beschwerte sich einmal, sie habe ihn an einem Vormittag einhundertvierzigmal gestört.

In den neunzehn Monaten, die sie hier in beengten Verhältnissen und mit einem Baby lebten, war Ted Hughes sehr produktiv. Er schrieb vier Stücke, Rezensionen und Gedichte. Während Sylvia Plath nur vier Gedichte verfasste. Sie wurde sofort wieder schwanger.

Das Paar kaufte ein großes Haus auf dem Land. Hier bekam jeder ein eigenes Arbeitszimmer, in dem er von dem Leben in der Küche und dem Kinderzimmer abgeschirmt war. Doch neben den Kindern waren jetzt ein großes Haus und ein Garten zu versorgen, was beide viel Kraft kostete.

Sylvia Plath wollte unbedingt beides: ein Leben als Mutter und als Schriftstellerin. In der Zeit, die sie zum Schreiben hatte, die ihr Mann ihr zum Schreiben freihielt, arbeitete sie diszipliniert und hoch konzentriert. Und dennoch: Er fuhr offensichtlich des öfteren nach London und blieb dann den ganzen Tag über weg. An diesen Tagen wird sie kaum zum Schreiben gekommen sein.

DER KAMPF UM ZEIT ZUM SCHREIBEN

Dann kam der Tag, an dem er sie wegen einer anderen Frau verließ und sie allein mit den Kindern in dem großen Haus zurückblieb. Sie änderte ihren Schreibrhythmus, stand früh auf und arbeitete, bis die Kinder wach wurden, »ihre Arbeit profitierte von dem Mangel an Ablenkung«, wie Diane Middlebrook schrieb. Sie benutzte Texte von Ted. Sie arbeitete sich an ihnen ab

und beschrieb ihre Rückseiten. Hoffte sie sie dadurch zu überschreiben? Mit ihrer eigenen Wirklichkeit?

Am 12. Dezember 1962 verließ sie Court Green und zog nach London zurück, in die Fitzroy Road, wo sie eine große Wohnung über zwei Etagen fand. Der Kampf um Zeit, um die Gelegenheit zum Schreiben begann. Ein Au-pair-Mädchen warf sie aus dem Haus. Zwei Monate hielt sie durch, dann brachte sie sich mit Gas um.

Nach ihrem Tod sagte Ted Hughes, seine Frau habe für das Schreiben nicht mehr hingegeben als er selbst. Sechs Jahre lang sei es ihnen gelungen, alles dem Schreiben zu opfern. Und beide haben sich in ihren Gedichten wechselseitig beeinflusst. Sie sind zwar in ihrer Ehe, im Leben gescheitert, doch in ihrer Kunst haben sie sich beflügelt.

Viele Fans von Sylvia Plath sehen das anders, geben Ted Hughes die Schuld an ihrem Tod. Dass er als Erbe mit ihren Manuskripten und der Herausgabe ihrer Gedichte viel Geld verdiente, machte es nicht besser.

Arthur Rimbaud
1854 – 1891

Paul Verlaine
1844 – 1896

»Les poètes maudits. Die verfemten Dichter.«

PAUL VERLAINE

Himmlische Clochards

Was bei anderen Zeitgenossen ein banaler Mordversuch aus Eifersucht geblieben wäre, wurde bei diesen beiden eine Episode, die in die Literaturgeschichte einging.

Paul Verlaine: gefangen in der Familie, den drei totgeborenen Brüdern, deren Föten die Mutter in einer Truhe aufbewahrte, und der toten Schwester, Absinth, Selbstmordversuch, falsche Ehe mit Mathilde, viel jünger als er, an der er schnell das sexuelle Interesse verlor, er schlug sie und ihr Kind, versuchte einige Male sie zu erwürgen. Während der Unruhen unter der Kommune sollte er seine kranke Mutter besuchen, aus Angst schickte er Mathilde, die beinahe erschossen wurde.

Arthur Rimbaud: kam 1871 mit siebzehn Jahren nach Paris, schickte Verlaine seine Gedichte und lernte ihn kennen. Aus Freundschaft wurde Liebe. Rimbaud war immer auf

Links: Paul Verlaine und Arthur Rimbaud auf dem Gemälde *Un coin de table* von Henri Fantin-Latour, 1872 (Ausschnitt). *Oben:* Rimbaud als Achtzehnjähriger.

Verlaine-Porträt von Gustave Courbet.

der Suche nach einer neuen Sprache, nach Entgrenzung, nach Erlösung. Dies alles hoffte er in der Vernichtung seiner Existenz zu finden. Er provozierte Verlaine, den er für ebenbürtig auf dem Abstieg in die Hölle hielt, was dieser aber nicht war.

Im Juli 1872 gingen die Männer nach Brüssel, wobei Rimbaud die treibende Kraft war. Beide tranken sich halb um den Verstand.

ABSTIEG IN DIE HÖLLE

Im Sommer 1873 lebten die beiden französischen Poeten in London, sie versuchten sich mit Französisch-Stunden und einer mageren Zuwendung von Verlaines Mutter über Wasser zu halten. Dann entschied sich der ältere Verlaine, zu seiner Frau nach Paris zurückzukehren. Wenn ihm das nicht gelingen sollte, würde er sich umbringen, schrieb er vom Schiff aus an Rimbaud, der ihn anflehte, zu ihm zurückzukommen. Gleichzeitig fasste er den Plan, sich zum Militär zu melden. Rimbaud drohte damit, sich entweder umzubringen oder ebenfalls Soldat zu werden, wenn Verlaine nicht zu ihm zurückkehren würde.

Es begann ein Reigen, ein düsterer Kreislauf von Drohungen und verzweifelten Bitten. Verlaine wohnte in Brüssel, und am 8. Juli folgte ihm Rimbaud. Beide tranken über die Maßen, Verlaine wollte nach London zurück, Rimbaud widersetzte sich. Am Tag nach einer Auseinandersetzung kaufte Verlaine einen Revolver und fünfzig Schuss Munition. Er schoss zweimal auf seinen Geliebten: Eine Kugel traf die Hand, die zweite schlug in eine Wand. Verlaine brachte seinen Freund ins Krankenhaus, wo man ihn verband und wieder entließ. Rimbaud wollte nun nach Paris fahren, doch als Verlaine ihn auf dem Weg zum Bahnhof erneut bedrohte, rief er einen Polizisten zu Hilfe. Die staatliche Maschinerie nahm ihren Lauf. Verlaine wurde zu zwei Jahren Haft verurteilt. In einer hochnotpeinlichen körperlichen Untersuchung wurde amtlicherseits festgestellt, dass er homosexuelle Praktiken vornahm, das verschärfte die Strafe.

Im Oktober 1873 trat Verlaine seine zweijährige Haftstrafe in einer Einzelzelle im Gefängnis von Mons an. Während der Haft verlor er alles: seine Frau, sein Kind, seine Reputation. Aber im Gefängnis hatte er keinen Zugang zu Alkohol. In der Einsamkeit seiner Zelle schrieb er Hunderte Briefe und Gedichte und fand zum Katholizismus zurück.

SCHLUCHZEN, SEUFZEN, STÖHNEN

Die erzwungene Trennung erlaubte beiden zu schreiben. Rimbaud zog sich nach seiner Genesung auf den Dachboden des elterlichen Hauses zurück und arbeitete in der Zeit von April bis August 1873 an *Eine Zeit in der Hölle*, das einzige Werk, das er selbst herausgab. »Während der Arbeitsstunden hörte man durch die Decke hindurch immer wieder das Schluchzen, unterbrochen von Seufzern, Stöhnen, Kichern, Zornesschreien und Verwünschungen«, erinnerte sich Rimbauds Schwester.

Verlaine schrieb seine Gedichte *Cellulairement*. Diese Sammlung von zweiunddreißig Gedichten hat eine eigene Geschichte. Sie wurde erst 1992 erstmals publiziert, nachdem sie jahrzehntelang verschollen war.

Nach Verlaines Entlassung aus der Haft begannen sie einen Briefwechsel. Verlaine protegierte den jüngeren Rimbaud, die Liebe seines Lebens, und versuchte ihn zum Katholizismus zu bekehren. Er war es auch, der sich um die Veröffentlichung der Texte seines Freundes bemühte, oft ohne den überhaupt um Erlaubnis zu fragen.

Doch für den jüngeren Rimbaud blieb Verlaine lediglich eine Episode. Arthur Rimbaud führte später ein ziemlich abenteuerliches Leben in Afrika. Er ließ sich als Soldat anwerben und desertierte von Java, handelte mit Waffen, lebte im Jemen, in Äthiopien und Somalia. Er hatte Syphilis, ein Bein wurde amputiert. Nach der Episode mit Verlaine – da war er gerade zwanzig Jahre alt – hörte er auf Gedichte zu schreiben.

Ingeborg Bachmann
1926 – 1973

Max Frisch
1911 – 1991

*»Ohne die Begegnung mit Bachmann (wäre)
für Frisch alles anders gekommen.«*

INGEBORG GLEICHAUF

Eine Amour fou, die zu Literatur wurde

Bereits 1948 hatte sich Ingeborg Bachmann in den Dichter und Auschwitz-Überlebenden Paul Celan verliebt. Auch er war ein Mann mit einem kurzen Vornamen – Ingeborg Bachmann hatte einmal die seltsame Frage gestellt, ob man einen Mann mit einem einsilbigen Vornamen überhaupt lieben könne. Auch die Beziehung zu Celan war eine schwierige Liebe. Und viel spricht dafür, dass sie immer noch an Paul Celan hing, als sie schon mit Frisch zusammenlebte.

Ingeborg Bachmann und Max Frisch trafen sich am 3. Juli 1958 in Paris. Sie wollten eigentlich ins Théâtre du Châtelet, wo sein Stück *Biedermann und die Brandstifter* gespielt wurde und gingen stattdessen in ein Café. Morgens fanden sie sich in den Markthallen wieder, »wo es den ersten Kaffee gibt: am Nebentisch die Metzger mit den blutigen Schürzen, diese zu plumpe Warnung«. Max Frisch würde später, als er die Szene beschrieb, das Grauen im Wort Morgengrauen betonen.

LIEBE UND FREIHEIT

Ingeborg Bachmann sah sich in einem Krieg der Geschlechter. Was in den fünfziger Jahren, als Frauen um jeden Zentimeter kämpfen mussten, der sie vom Herd wegführte, nicht schwer war. Sie schwankte zwischen der Liebe und ihrer Freiheit. Nach vier Jahren, im September 1962 gingen sie auseinander, Frisch hatte sich in eine junge Studentin verliebt. Ingeborg Bachmann brach zusammen und lag im Krankenhaus. Er besuchte sie, und an ihrem Bett standen rote Rosen. Sie erzählte ihm, ein Verehrer würde sie regelmäßig schicken. Das war gelogen. Die Rosen hatte sie sich selbst geschickt. Max Frisch verarbeitete ihre Beziehung in seinem Roman *Sein Name sei Gantenbein*. Sie nahm ihm das übel und fühlte sich benutzt.

Ingeborg Bachmann hat das Schreiben als Machtkampf verstanden, und sie hat diesen Kampf verloren.

VERSCHWIEGENE LIEBE

Von beiden gibt es kein gemeinsames Foto, sie haben nicht über ihre vierjährige Beziehung gesprochen. Das gehörte zu ihren Prinzipien. Wenn sie jemanden trafen, dann stellte Bachmann Frisch nicht vor, was ihn kränkte. Sie wollte nicht, dass jemand von ihrer Beziehung wusste. Als er ihr im Herbst 1959 einen schriftlichen Heiratsantrag machte, kurz nach seiner Scheidung, reagierte sie nicht. Die Ehe sei eine unmögliche Institution für eine Frau, die arbeite, sagte sie.

Nach ihrem Treffen in Paris folgte sie ihm nach Zürich. Sie folgte ihm wie in den alten Mustern: Der Mann nimmt sich eine Frau und holt sie zu

sich. Ingeborg Bachmann hat sich in Zürich nicht wohlgefühlt, die Nachbarn beobachteten und kritisierten sie. Im März 1959 zogen die beiden zusammen, nach Uetikon am Zürichsee. Er erwartete wie früher, als er noch verheiratet war, mittags ein Essen, das sie nicht kochen wollte. Bisher hatte er einen Arbeitsbereich für sich allein, um alles andere kümmerte sich seine Frau. Nun arbeitete Ingeborg Bachmann im selben Haus (im selben Raum?) und beanspruchte ihre Freiheit.

PRÄSENZ MIT PROBLEMEN

Sie ging nach Rom zurück, die Stadt, die sie kannte und liebte. Jetzt folgte er ihr nach. Und er war genervt von ihrer starken Präsenz. Ingeborg Bachmann übersetzte in dieser Zeit die Gedichte Giuseppe Ungarettis und schrieb Erzählungen. Frisch arbeitete an *Andorra* und an *Mein Name sei Gantenbein*. Die Nähe tat beiden nicht gut. Eifersucht schlich sich ein, die Frisch mit Alkohol zu bekämpfen suchte.

Die Arbeit sollte helfen. Frisch arbeitete vom frühen Morgen bis in den frühen Nachmittag, diszipliniert, regelmäßig, ohne Angst vor dem weißen Blatt Papier. »(Ich) muss an der Schreibmaschine sein, Dinge ändern, nochmal abschreiben, Entwürfe machen für etwas anderes, um bereit zu sein für Überraschungen, dass ich einmal einen Schritt weiter denken kann, weiter formulieren kann als vorher.« Ingeborg Bachmann hörte sein Tippen, fühlte sich gestört und blockiert oder redete es sich ein.

Es gab keinerlei Zusammenarbeit zwischen den beiden, keine gegenseitige Kritik. Frisch meinte einmal, er wisse nicht, was Ingeborg Bachmann von seiner Arbeit gehalten habe.

Die beiden kämpften um ihre Beziehung, täglich und zäh, und doch schafften sie es nicht sie aufrecht zu erhalten.

Auch nach ihrer Trennung bezogen sie sich in ihren Texten aufeinander – was mitunter bei der

Lektüre für den jeweils anderen schmerzlich war. »Die reale Begegnung zwischen Bachmann und Frisch (ist) nicht zu trennen von den Worten, den Sätzen, die sie schreiben, schreiben werden«, so Bachmanns Biografin Ingeborg Gleichauf. In ihren Texten, den Romanen und Stücken, finden sich Begebenheiten, Beschreibungen, die den jeweils anderen erkennen lassen. Aber er ist nicht gemeint, die literarische Figur darf nicht mit der lebenden verwechselt werden. Sie war Vorbild, ist aber eine andere Person. Nur ein Beispiel für diese Art des Schreibens: In *Malina* beschreibt die weibliche Ich-Figur den 3. Juli 1958 als den Tag, »an dem ich mich nicht gewehrt habe und etwas geschehen ließ«. An genau diesem Tag trafen sich Bachmann und Frisch vor dem Châtelet in Paris.

Lassen sich *Gantenbein* und *Malina* als Erfahrungsberichte des gemeinsamen Lebens bezeichnen? Max Frisch antwortete darauf, wiederum nicht ganz eindeutig: »Sicher ist ..., dass diese Begegnung, dieses Scheitern der Begegnung, beide zentral beschäftig hat – also ohne die beiden Bücher zu kennen, könnte man die legitime Vermutung haben, dass hier zwei Äußerungen zu einer Geschichte, die ja nie eine Geschichte ist, es ist die Geschichte zweier Menschen, dastehen.«

Zelda Fitzgerald
1900 – 1948

F. Scott Fitzgerald
1896 – 1940

> *»Wenn du ein Theaterstück schreibst, darf es nicht über die Psychiatrie sein, und es darf weder an der Riviera noch in der Schweiz spielen. Was immer auch das Thema sein wird, du wirst es mit mir absprechen.«*
>
> F. SCOTT FITZGERALD, Mai 1933

Leben und Schreiben als rauschendes Fest

Zelda und F. Scott Fitzgerald waren ein Paar, das nicht miteinander konnte – aber auch nicht ohne einander. Einerseits hielten sie sich gegenseitig von der Verwirklichung ihrer Kreativität ab, andererseits bildeten ihre Erlebnisse in der High Society und ihr Zusammenleben den Grundstock und das Material für ihre Romane und Geschichten. Sie waren verheiratet, lebten aber beinahe die gesamten letzten zehn Jahre ihrer Ehe getrennt voneinander.

1918 trafen sie sich und verliebten sich ineinander. Als sie sich kennenlernten, war Zelda eine *Southern Belle*, das schönste Mädchen von Montgomery, Alabama. Scott war ein snobistischer Einzelgänger, als Soldat und Vorgesetzter ebenso unbeliebt wie er es als Schüler und Student gewesen war. Aber er schrieb bereits Kurzgeschichten und hatte einen Roman an einen Verlag geschickt, der ihn aber ablehnte. Scott Fitzgerald wollte ein berühmter Schriftsteller werden, Zelda Sayre wollte den richtigen Mann finden. Scott sollte erst jemand sein, bevor sie sich an ihn band. Und er schien ähnlich zu denken. Für ihn gehörte es sich, dass ein Mann für seine Frau sorgte, während sie sich seinen Entscheidungen fügte.

DIESSEITS VOM PARADIES

Nach seiner Demobilisierung ging er nach New York. Sie schrieben sich Briefe. Sein erster Roman, *Diesseits vom Paradies*, wurde ein großer Erfolg, die Bedingungen schienen günstig. Am 3. April 1920 heiraten Zelda und Scott und begannen ein Leben, das wie ein rauschendes Fest war. Aus mehreren Hotels flogen sie hinaus, weil die anderen Gäste sich über den Lärm beschwerten. Sie mieteten ein Appartement, das innerhalb kürzester Zeit vermüllte, weil weder sie noch er die Aschenbecher leerten oder die leeren Champagnerflaschen wegräumten. Wenn man eine Schranktür öffnete, konnte es passieren, dass man unter schmutziger Wäsche begraben wurde.

Am 26. Oktober 1921 kam ihre Tochter Scottie zur Welt. Die Elternschaft überforderte beide komplett.

EIN UNGENIERTES GENIE

Für seine Geschichten und Romane griff Scott oft auf Zeldas Ideen zurück und benutzte Zitate aus ihrem Tagebuch, die er zum Teil wortgenau in seine Texte einfügte. Auch für *Der große Gatsby*, in dem er ihrer beider Leben porträtierte. Deshalb war er auch dagegen, als ein Kritiker Zeldas Tagebuch veröffentlichen wollte.

1924, nach einem Jahr voller Partys und rauschender Feste in ihrem Haus, waren die Fitzgeralds pleite, vor allem kam Scott nicht zum Schreiben. Ständig war das Haus voller Leute, die tagelang blieben, die Nachbarn belästigten und im Garten schliefen. Sie beschlossen, nach Europa zu gehen. Über Paris reisten sie an die Riviera. Er schrieb, sie langweilte sich bald. Faule, verbummelte Nachmittage am Meer waren nicht nach ihrem Geschmack.

Scott schrieb an *Der große Gatsby*. Als er sich die Figur nicht richtig vorstellen konnte, zeichnete Zelda Jay Gatsby. Ein Jahr später veröffentlichte er eine Kurzgeschichte unter seinem Namen, die Zelda geschrieben hatte, weil er höhere Honorare bekam. Dann wurde *Our Own Movie Queen* für die beste Kurzgeschichte des Jahres nominiert, und ihr kamen Zweifel. Doch auch ihre nächsten Kurzgeschichten erscheinen unter dem Namen von Scott und Zelda oder sogar nur von Scott.

Scott bediente sich weiterhin an ihren Texten und an ihrem Leben. Er kritzelte ihre Bonmots auf die Rückseite von Briefumschlägen und steckte sie in seine Tasche, um sie später in seinen Büchern zu verwerten. Er übernahm ganze Absätze. Ihr Leben war sein Material, und nur er durfte in der Beziehung schreiben.

Womöglich als Ausgleich beschloss Zelda Balletttänzerin zu werden. Wie viele andere Dinge auch übertrieb sie ihren Ehrgeiz und trainierte bis zu acht Stunden täglich. Es kam zu einer krankhaften Abhängigkeit von ihrer Tanzlehrerin.

»Man kann sich kaum ein verantwortungsloseres
Paar als uns vorstellen.«

F. SCOTT FITZGERALD an eine Freundin, wenige Tage vor der Hochzeit

DIE KLINIK ALS ZUFLUCHT

In einem Zustand völliger Erschöpfung wurde sie 1930 in eine psychiatrische Klinik in der Schweiz eingewiesen. Ein weiterer Grund für die Panikattacken, die Depressionen waren die »jahrelange Unterdrückung ihrer Fähigkeiten, Wünsche und Bedürfnisse« (Michaela Karl). Der Arzt verbot Scott, Zelda zu besuchen. Sie waren zum ersten Mal getrennt und schrieben sich Hunderte von Briefen.

1932 wurde sie mit einem Nervenzusammenbruch erneut in eine Klinik in den USA eingeliefert. Dort schrieb sie ihren Roman *Schenk mir den Walzer*, der von einer Südstaatenschönheit handelt, die sich in einen Offizier verliebt. Es ist ihre eigene Lebensgeschichte. Niemand anderes als Scott lektorierte den Stoff, kürzte und übernahm diese geplünderten Passagen in sein eigenes Buch *Zärtlich ist die Nacht*.

Doch auch Scott war ein Gefangener: Immer wieder musste er die Arbeit an einem Roman aufgeben, um Kurzgeschichten zu schreiben, mit deren Erlös er ihre Klinikaufenthalte bezahlen konnte. Er fühlte sich von Zelda verraten. Die Katastrophe war da.

Im Mai 1933 kam es im Beisein des Psychiaters Dr. Rennie zu einer zerstörerischen Aussprache, während der Scott seiner Frau das Schreiben verbieten wollte. Jedenfalls das Schreiben über das, was sie gemeinsam erlebt haben. Als würde ihr gemeinsames Leben nur ihm gehören. Er forderte von ihr bedingungslose Unterwerfung. In seinem Weltbild war der versorgende Mann alles, die Frau hatte ihm zu folgen. Und er behauptete, nur er als Mann könne Literatur schreiben, sie würde lediglich Anekdoten produzieren. In dem Gespräch mit Dr. Rennie

»Zelda hat ihn wahrhaftig zugrunde gerichtet,
denn jedes Mal, wenn er sich gefangen hatte,
brachte sie ihn wieder zum Saufen.«

ERNEST HEMINGWAY

(der zu Scott hielt) erklärte sie sich bereit, auf eine Veröffentlichung zu verzichten, bis er seinen Roman publiziert hatte.

Als *Zärtlich war die Nacht* erschien, war Zelda entsetzt. Scott hatte aus ihren Briefen und aus vertraulichen Krankenakten zitiert. Sie brach zusammen und wurde im Februar 1934 erneut in die Klinik eingewiesen.

SCHULD UND SCHULDEN

So ging es die nächsten Jahre weiter: 1937 war Scott hochverschuldet und unterzeichnete einen Vertrag mit dem Filmstudio MGM. Er verdiente ein kleines Vermögen, doch seine Drehbücher wurden nie angenommen, sondern immer weiter umgeschrieben und verwässert. Für sein Selbstbewusstsein als Autor war das eine Katastrophe.

Er war frustriert. Er arbeitete an seinen Roman *Die Liebe des letzten Tycoon*, der in Hollywood spielt und mit dem er zu seinem alten Ruhm zurückkehren wollte. Doch er musste die Arbeit immer wieder für Kurzgeschichten und Drehbücher vernachlässigen, die er schrieb, um Zeldas Klinik zu bezahlen. Er trank übermäßig, war unzuverlässig, seine Texte litten darunter. Am 21. Dezember 1940 starb er. *Die Liebe des letzten Tycoon* wurde als Fragment nach seinem Tod veröffentlicht.

Jetzt war Zelda frei zu schreiben. Sie verließ die Klinik und zog in das Haus ihrer Mutter. Aber die Elektroschocks und die Insulinkuren hatten zu Gedächtnislücken geführt und sie richtig krank gemacht.

Am 10. März 1948 brach in der Klinik, in der sie wieder lebte, ein Feuer aus. Sie starb in den Flammen.

In den folgenden Jahrzehnten gerieten beide in Vergessenheit. Ihre Romane wurden nicht mehr aufgelegt, bis in den siebziger Jahren eine Renaissance der Fitzgeralds einsetzte.

Sechstes Kapitel

Ungleich-
gewichte

Gegen den Ruhm seiner Frau konnte James Reeves McCullers nichts ausrichten. Als er Carson McCullers heiratete, war abgemacht, dass abwechselnd einer von ihnen schreiben, der andere das Geld verdienen wollte. Aber während sie mit ihrem ersten Buch berühmt wurde, brachte er nie etwas zu Papier. Wer weiß, ob es ihm gelungen wäre, wenn sie nicht an seiner Seite gewesen wäre.

Lou Andreas-Salomé war wesentlich älter als Rainer Maria Rilke, der sie anfangs aus der Ferne bewunderte. Eine selbstständige Frau, klug und belesen, die in den Kreisen berühmter Männer verkehrte. Er war noch jung, sie half ihm Fuß zu fassen, seine Art zu schreiben zu finden. Dennoch ist er heute viel berühmter als sie.

Zu Beginn des achtzehnten Jahrhunderts, zu Zeiten der Arnims war es für eine Frau noch viel schwerer als heute, die vorgegebene Rolle zu verlassen. Seine war die des Dichters, die er zunehmend weniger ausfüllte, sie bekam sieben Kinder, für die sie zu sorgen hatte. Erst nach seinem Tod, als die Kinder sie nicht mehr so notwendig brauchten, begann sie wieder zu schreiben.

Bei Bertolt Brecht und seinen Frauen verhält es sich wieder anders. Sie stellten ihre eigene Arbeit hintenan, um ihn zu unterstützen. Davon profitierten sie, aber sie verschwanden hinter ihm. Und ausschließliche Liebe gab es von seiner Seite nie.

Carson McCullers
1917 – 1967

James Reeves McCullers
1913 – 1953

> »Wenn ein Schriftsteller jemand ist, der schreibt, was auch immer kommt, dann war Carson McCullers, die kränkliche, bewegungslose, alkoholabhängige und depressive Carson McCullers eine Schriftstellerin, und Reeves war keiner.«
>
> JOSYANE SAVIGNEAU

Das Herz ist ein einsamer Jäger

Als Kind glaubte Lula Carson Smith, dass sie durch die Musik reich und berühmt werden würde. Aber mit fünfzehn Jahren erkrankte sie an rheumatischem Fieber und entschied, dass sie nicht fremde Kompositionen spielen wollte und dass ihre körperliche Konstitution für eine Konzertkarriere nicht ausreichen würde. 1934 kam sie nach New York – wo sie in einem Bordell wohnte, ohne es zu wissen, und die fünfhundert Dollar verlor, die ihre Eltern ihr mitgegeben hatten. Die Anekdote ist zu schön, um sie nicht noch einmal zu erzählen. In New York begann sie zu schreiben, in der Großstadt schlechthin, und dennoch spielen ihre Bücher im amerikanischen Süden, in ihrer Heimat.

1935, bei einem Besuch bei ihren Eltern, lernte sie den Soldaten James Reeves McCullers kennen, der schon vorher von der Dichterin gehört und sie aus der Ferne bewundert hatte. Sie heirateten, wie es sich für ein Südstaatenmädchen gehörte, da war sie zwanzig. Sie und Reeves schlossen einen Pakt: Sie würde ihren Roman beenden, dann würde er seinen Job als

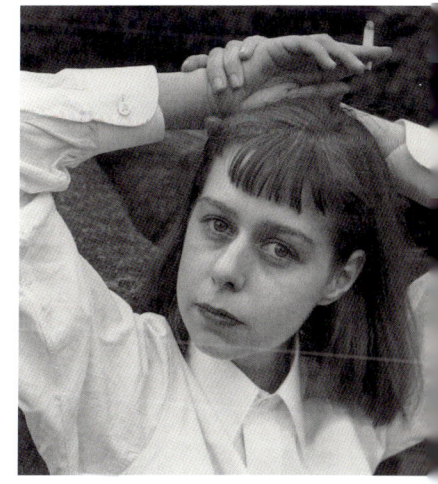

Schuldeneintreiber aufgeben und seinerseits ein Buch schreiben, während sie den Lebensunterhalt verdienen würde. Sechs Monate später lieferte sie die ersten sechs Kapitel eines Romans ab und erhielt ein Stipendium. Jetzt hätte auch James Reeves schreiben können. Aber ihm fiel nichts ein.

EISERNE DISZIPLIN

1940 erschien ihr Roman *Das Herz ist ein einsamer Jäger* und machte sie schlagartig berühmt. Sie hielt sich nicht an die Abmachung mit ihrem Mann. Sie schrieb weiter, mit eiserner Disziplin. Sie stritten sich in der Öffentlichkeit, flirteten mit anderen und tranken mehr, als ihnen guttat. Aber Carson McCullers war James Reeves wohl ewig dankbar für seine materielle Unterstützung und dafür, dass sie ihren Geburtsnamen Smith loswurde. Es war bestimmt nicht einfach, mit ihr verheiratet zu sein. Sie stand gern im Mittelpunkt und war seit ihrer Kindheit verwöhnt. Das lag an ihrer schwachen Gesundheit. Sie hatte mehrere Schlaganfälle, die sie halbseitig lähmten, sie war zeitweise an den Rollstuhl gefesselt und hatte eine Brustamputation.

Sie ging zurück nach New York und schrieb ihr zweites Buch, *Spiegelbild im goldenen Auge*, für das Reeves ihr das Thema lieferte. Es ging um einen homosexuellen Soldaten auf einer Militärbasis, der wegen Voyeurismus verhaftet wird. Carsons Arbeit als Schriftstellerin beruhte darauf, dass er Geld verdiente, auf sie aufpasste und sie unterstützte. Beide versuchten ohne einander zu leben, aber es funktionierte nicht.

SCHEIDUNG AUF RATEN

1941 ließen sie sich scheiden, blieben aber in Kontakt. Reeves machte die Landung der Alliierten in der Normandie mit, etwas, wofür Carson ihn bewunderte. Sie holte ihn im Februar 1945 in New York von seinem Schiff ab, drei Wochen später waren sie wieder verheiratet. Sie kannten sich jetzt seit zehn Jahren und fühlten eine innere Verbindung, die sie zueinander trieb. In ihren bisher unveröffentlichten Briefen liest man, dass sie sich liebten, trotz

»Ich werde reich und berühmt sein!«

CARSON McCULLERS

allem. Als Freunde Reeves fragten, warum er Carson McCullers erneut geheiratet habe, gab er zur Antwort: »Wir sind alle Drohnen. Und Carson ist die Bienenkönigin.« Er wusste um die Gefahr, der er sich trotz neu gewonnenem Selbstbewusstsein an ihrer Seite aussetzte. Aber er liebte sie.

1946 gingen sie mit einem Stipendium der Guggenheim-Stiftung nach Paris. 1947 erlitt Carson zwei schwere Schlaganfälle, 1948 trennten und versöhnten sie sich wieder, Carson unternahm einen Selbstmordversuch. 1950 und 1952 erneute Trennungen. Reeves, der immer noch schreiben wollte, brachte es nicht fertig. Er wurde depressiv, bei einer Reise 1953 nach Paris schlug er einen gemeinsamen Selbstmord vor. Carson floh zurück nach Amerika, er brachte sich mit Schlaftabletten um.

Aus diesem Material entstand der Vorwurf, Carson McCullers habe ihren Mann betrogen, ihm die Ideen gestohlen, ihn entmannt. Es ist richtig, dass James Reeves nie ein Buch veröffentlichte. Aber ob die Schuld dafür bei Carson McCullers zu suchen ist? Warum haben nicht beide geschrieben und zum Lebensunterhalt beigetragen? Warum hat er sich nicht von ihr getrennt, als er feststellte, dass er in ihrer Nähe nicht schreiben konnte? Ahnte er, dass er es nicht so gut konnte wie sie?

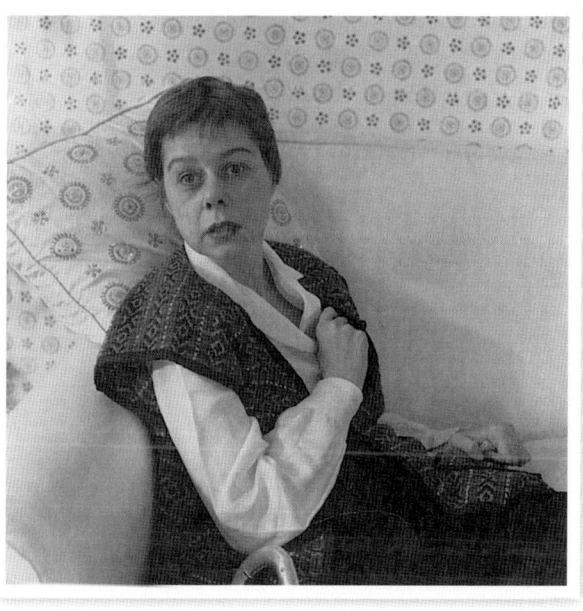

Lou Andreas-Salomé
1861 – 1937

Rainer Maria Rilke
1875 – 1926

Sie war »dem großen, im Leben ziemlich hilflosen Dichter Rainer Maria Rilke zugleich Muse und sorgsame Mutter.«

SIGMUND FREUD in seinem Nachruf

Der junge Mann und die ältere Frau: ein Skandalpaar

Im Mai 1897 wurde die aus Petersburg stammende Dichterin und Kosmopolitin Lou Andreas-Salomé nach dem Theater dem jungen Prager Studenten René Maria Rilke vorgestellt. Rilke hatte ihr bereits vorher anonym Gedichte geschickt. Nach dem Abend schrieb er ihr erneut, und sie erkannte die Handschrift wieder. Ein stürmisches Werben von seiner Seite begann, das durch seine Einberufung zur Musterung in Prag verschärft wurde. Rilke war fünfzehn Jahre jünger als sie und überschüttete die Russin, der die Männer in Scharen nachliefen, mit Gedichten. Als sie mit ihrer Freundin Frieda Bülow, einer erfolgreichen Schriftstellerin, den Sommer auf dem Land in Wolfratshausen verbrachte, war Rilke, der für dienstuntauglich erklärt worden war, dabei.

DIE ERSTE LIEBE

Für Lou Andreas-Salomé, Mitte dreißig, war es die erste Liebe. Rilke war ihr erster Mann, obwohl sie seit 1887 mit dem Orientalisten Friedrich Carl Andreas verheiratet war. Vorher hatte sie bereits mehrere Heiratsanträge abgewiesen, unter anderem von Friedrich Nietzsche. Ihre Bedingung vor der Hochzeit war, dass die Ehe niemals vollzogen würde. Sie hatte mehrere Bücher veröffentlicht, in denen es um den Verlust des Glaubens und Ibsens Frauen ging.

Lou Andreas-Salomé riet dem Jüngeren, das übertriebene Pathos aus seinen Gedichten zu verbannen, und gab ihm Nietzsche zu lesen. Er lernte Russisch und las die großen russischen Dichter. Beinahe ständig war er in der Wohnung des Ehepaares in Berlin, wohin auch er nach dem ersten Sommer gezogen war.

Seit dem gemeinsamen Urlaub in Wolfratshausen unterzeichnete Rilke seine Briefe mit Rainer, nicht länger mit seinem Taufnamen René, der auch eine Frau hätte meinen können. Damit emanzipierte er sich auch äußerlich von seiner Mutter, die ihn als Kind in Mädchenkleider gesteckt hatte. Außerdem ähnelte er seine Handschrift der von Lou an. Von ihr übernahm Rilke den Verzicht auf Alkohol, Nikotin und Fleisch. Aber am wichtigsten: Er hörte auf sie auch in literarischen Dingen. Bereits in diesem ersten Sommer war ihr seine schwärmerische Bewunderung nicht geheuer. Sein Gedicht »Lösch mir die Augen aus: ich kann dich sehen ...«, das er in Wolfratshausen schrieb, diente nicht zu ihrer Beruhigung.

AUS LIEBE WIRD FREUNDSCHAFT

Beide unternahmen dann 1899 und 1900 Reisen nach Russland. Während der Reise erschrak Lou über Rainers psychische Labilität, er kam ihr zu nahe und störte ihre innere Ruhe. Er schrieb am *Stundenbuch*. Dann war ihre gemeinsame Zeit vorüber. Sie wandte sich von ihm ab. Für sie passten Sexualität und geistige Freiheit, die Kunst schafft, nicht zusammen. Sie hielt sich fortan an ihren Ehemann, Friedrich Carl Andreas. An seiner Seite fand sie die Ruhe für ihre geistige Arbeit.

Im Februar 1901 schrieb Lou Andreas-Salomé einen Abschiedsbrief an Rilke, ein »letzter Zuruf«.

Aus der Liebe zwischen Rilke und Lou wurde eine lebenslange Freundschaft. Obwohl sie vereinbarten, sich nicht mehr zu sehen, schrieben sie sich.

»Damit R. fortginge, ganz fort, wäre ich einer Brutalität fähig (Er muss fort!).«

LOU ANDREAS-SALOMÉ

*Du warst das Zarteste, das mir begegnet,
das Härteste warst Du, damit ich rang.
Du warst das Hohe, das mich gesegnet —
und wurdest der Abgrund, der mich verschlang.*

RAINER MARIA RILKE nach der Trennung

Im November 1900, als sie schon kein Paar mehr waren, trafen sich Rilke und Heinrich Vogeler bei ihr. Vogeler sah verwundert zu, wie aus dem umschwärmten Junggenie Rilke ein um Liebe wie Almosen bettelnder Hund wurde. Doch Liebe hatte er von Lou Andreas-Salomé nicht mehr zu erwarten.

Sie wandte sich der Psychoanalyse zu, wurde Vertraute und erste Schülerin von Sigmund Freund und betrieb eine eigene Praxis in Göttingen, wo sie am 5. Februar 1937 starb.

Auch Rilke hatte seine Lektion gelernt. Er heiratete die Worpsweder Malerin Clara Westhoff, obwohl er sie nicht liebte – oder gerade deshalb. Ohnehin war sein Verhältnis zu Frauen nicht sehr fortschrittlich: Sie hatten Musen zu sein, immer da, immer bereit. Oder eben unerreichbar und angedichtet und -geschmachtet. Wie Lou Andreas-Salomé oder später Claire Goll (vgl. S. 82). 1903 wandte er sich von Paris aus wieder an Lou und erzählte ihr von der Trostlosigkeit seiner Ehe mit Clara Westhoff. Lou Andreas-Salomé war begeistert von seinem neuen Schreibstil, der klar und frei von Selbsttäuschungen sei.

LIEBESLEID ALS INSPIRATION

Als Rilke sie fragte, ob er eine Psychoanalyse machen sollte, riet sie ihm ab. Sie glaubte, das könnte seiner künstlerischen Intuition schaden.

Rilke nutzte seine Liebschaften, deren Höhen und vor allem Tiefen er in Dichtung umsetzte. Er brauchte das Liebesleid als Inspiration. Nur ein unglücklicher Rilke machte gute Verse. Wohl auch deshalb lehnte er eine Analyse ab. Er liebte eher mütterliche Frauen wie Lou Andreas-Salomé, von denen er sich Unterstützung für sein Werk versprach, die er von ihr auch bekam. Sie schien zu ahnen, dass er nach der Trennung von ihr zu seinen Versen finden würde. Durch sie fand er zu seiner künstlerischen Identität.

Was Rilke zum Werk von Lou Andreas-Salomé beigetragen hat, ist lange nicht so eindeutig zu beantworten.

Bettine von Arnim
1785-1859

Joachim von Arnim
1781-1831

> *»Sieh nicht zu viel Herrliches in mir.«*
>
> ACHIM VON ARNIM, vor der Hochzeit

Im Gespräch mit Genies

Bettine von Arnim, geborene Brentano, aus gutem Hause, aber ohne Eltern aufgewachsen, ungebunden, reisend, die Freundin von Goethe, die junge Frau, die so viel vorhatte in ihrem Leben. Die sich gern mit berühmten Männern umgab, ihre Erlebnisse wohl auch ausschmückte, und die schreiben wollte. Sie war begeistert von sich selbst, kannte keinerlei Selbstzweifel und weigerte sich, den Konventionen, die für eine Frau gelten sollten, zu folgen. Als ihr Bruder Clemens sie tadelte, weil sie sich nicht wie eine Frau im heiratsfähigen Alter benahm, antwortete sie: »Ich weiß, was ich bedarf – ich bedarf, dass ich meine Freiheit behalte.«

Nach zwölf Jahren Ehe mit Achim von Arnim saß sie in Berlin, mit sechs Kindern, ohne Geld und in bedrückenden Verhältnissen. Er bewirtschaftete das Gut Wiepersdorf, achtzig Kilometer südlich der Stadt gelegen, das kaum genug für den Lebensunterhalt abwarf. In endlosen Briefen beklagte sie sich über die Kinder und ihre Situation, sie flehte ihn an zu kommen. Er ermahnte sie immer wieder zur Sparsamkeit. In den Briefen ging es um Hemden für die Kinder, Mützen und einen warmen Mantel. In die Oper oder das Konzert gehe sie nicht, weil sie kein Geld dafür habe.

DER HANG ZU GENIES

Ihr Hang zu Genies, das Bedürfnis, sich mit ihrer Bekanntschaft zu schmücken (und sich selbst zu erhöhen?), galt auch für Achim. Sie bewunderte ihn und sah es als ihre Pflicht an, seine Dichtkunst zu schützen und zu fördern. Dafür nahm sie die Mühen auf sich, den Alltag, den Haushalt und die Kinder allein zu bewältigen. Doch mit zunehmendem Alter konnte Achim seinen literarischen Ambitionen nicht mehr gerecht werden. Das wusste er selbst, das sagten ihm seine Freunde. Nach zwanzig Jahren Ehe fühlte Bettine Resignation. Vielleicht fragte sie sich auch, ob ihre Opfer umsonst gewesen waren, und fühlte sich verraten.

Immer wieder forderte sie ihn auf, zu schreiben, besser zu schreiben. Aber ihrem Urteil traute er nicht, er sprach nicht mit ihr über seine Texte, obwohl sie durchaus etwas dazu zu sagen gehabt hätte. »Ich habe hier Dein Buch noch einmal mit Muße gelesen, obschon Du mirs nicht zutraust, so wäre ich vielleicht am ersten fähig, etwas darüber zu schreiben.«

Er war nicht der Einzige, der sie nicht für eine Künstlerin hielt. In Berlin sprach man gehässig über ihre Ambitionen und fragte sich, ob sie nichts Besseres zu tun habe. Sie zeichnete und schrieb, modellierte ein Goethe-Denkmal, doch man nahm sie nicht ernst. So zog sie sich zurück, wurde einsam. Das ist die Kehrseite eines Lebens an der Seite eines Genies: Man selbst sieht daneben klein und unbedeutend aus.

ZWISCHEN KUNST UND KINDERN

Die Ehe wurde 1811 geschlossen, nachdem sie sich schon sieben Jahre kannten. Es war wohl keine reine Liebesheirat. Vielmehr war von Arnim gezwungen, zu heiraten und Söhne zu zeugen, um eine Erbschaft, eben Gut Wiepersdorf, antreten zu können. Und Bettine war vermögend. Mit zweiundvierzig Jahren erwartete sie ihr siebtes Kind. Nach der Geburt 1827 schrieben sie sich kaum noch zu Themen der Literatur. Als Achim von Arnim 1831 überraschend an einem Schlaganfall starb, fand Bettine seinen umfangreichen literarischen Nachlass. Sofort machte sie sich daran, die Texte herauszugeben, um seinen Ruhm zu mehren, wie sie es immer gewollt hatte. Sie gab ihren eigenen Briefwechsel, bearbeitet, heraus. 1835 *Goethes Briefwechsel mit einem Kinde,* wobei sie das Kind ist. Das Buch machte sie berühmt. 1840 folgte der Briefwechsel mit Caroline von Günderrode.

Mit ihrem rhetorischen Talent setzt Bettine sich für die Schwachen, für demokratischen Wandel ein. Sie ging in die Häuser der Armen und der Cholerakranken, schrieb ein Buch darüber, das *Königsbuch*, ein zweites folgte. Daraufhin wurde sie als Kommunistin bezeichnet, in Bayern und Österreich wurde das Buch verboten. Sie setzte sich für Verurteilte und für die Freiheit Polens ein. Noch einmal gelang es ihr, Genies für sich zu gewinnen: Brahms und Schumann. Als sie starb, hatte sie die Bildnisse von Goethe und von Achim von Arnim im Blick.

»Ich lebe ... wie in der Bastille, nur mit mehr Sorgen und Unbequemlichkeit wie die Gefangenen.«

BETTINE VON ARNIM

Bertolt Brecht
1898 – 1956

Helene Weigel
1900 – 1971

*»Dass weibliche Mitarbeit, sonst bescheiden
getarnt bis zur Unsichtbarkeit, bei Brecht namentlich
deklariert wurde, ermöglichte erst den Blick auf
die Zuliefertätigkeit in zweitrangiger Funktion.«*

GERDA MARKO

Haupt- und Nebenfrauen

Brecht und Co., so nannte John Fuegi seine Brecht-Biografie. Co., das waren Paula Banholzer, Marieluise Fleißer, Marianne Zoff, Helene Weigel, Elisabeth Hauptmann, Margarete Steffin, Ruth Berlau, Käthe Reichel ... und wie sie alle hießen. Frauen, die – bis auf Paula Banholzer und Marianne Zoff – selbst Autorinnen waren, während der Beziehung mit Bertolt Brecht aber ihre eigene Arbeit ruhen ließen und stattdessen für ihn arbeiteten, oft unentgeltlich, oft ohne genannt zu werden. Meistens liebten sie ihn auch, wollten ihn ganz, wollten, dass er sie heiratete, sich zu ihnen bekannte. Und sie kamen nicht etwa eine nach der anderen, oft waren sie gleichzeitig um ihn herum, lebten und arbeiteten nebenan mit einem eigenen Haustelefon oder in derselben Wohnung, gingen mit in ein fremdes Land. Es waren nicht nur Schriftstellerinnen oder Dramatikerinnen, auch Schauspielerinnen, die sich als solche in Brechts Stücke einschrieben.

DER FRAUEN-KOSMOS

Brecht unterhielt einen ganzen Kosmos von Frauen, die ihm ergeben waren und die untereinander konkurrierten. Vor der Emigration war es Elisabeth Hauptmann, die für ihn recherchierte, »Material über den Bauernkrieg, besonders eine Phase suchen, wo er gut zu stehen scheint … Was machten die Ritter …? Warum gingen sie mit den Bauern? Wo ließen sie die Bauern im Stich? Wie war es in dem mit den Städtern? Herrschte Hunger?« Zu den Pflichten von Brechts Frauen gehörte es aber auch, Arzttermine zu vereinbaren, Post zu erledigen, Verträge zu prüfen, Inszenierungen zu überwachen usw. Während des Exils in Amerika lebte Brecht mit seiner Ehefrau Helene Weigel in Kalifornien, übermittelte aber regelmäßig seine Arbeitsaufträge an Ruth Berlau in New York. Nach dem Krieg, zurück in Berlin, übernahm Elisabeth Hauptmann diese Rolle ganz selbstverständlich aufs Neue.

Es kam zu Selbstmordversuchen, zu Schwangerschaften und Abtreibungen, zu so grotesken Situationen wie der gemeinsamen Ausreise aus Dänemark im Mai 1941 über Wladiwostok in die USA. Zu der Gruppe gehörten Brecht und Helene Weigel mit den Geliebten Ruth Berlau und Margarete Steffin, die unterwegs an Tuberkulose starb. Im dänischen Svendborg wohnte die Nebenfrau im Haus nebenan; Helene Weigel brachte ihr sogar Essen.

Elisabeth Hauptmann.   Margarete Steffin.   Ruth Berlau.

FIXSTERN HELENE WEIGEL

Helene Weigel war wohl die wichtigste, die Hauptfrau. Mit ihr war Brecht (nach Marianne Zoff) verheiratet bis zu seinem Tod, mit ihr hatte er Kinder. Und sie erledigte alles für ihn, besonders in den Jahren der Emigration, als sie nicht am Theater arbeiten konnte. Sie übernahm nicht nur den verhassten Haushalt, sondern las jede Zeile, die er schrieb, sammelte Material für neue Projekte, studierte die Presse. Und er verließ sich blind auf sie. Sie selbst beschrieb ihren Anteil an Brechts Arbeit im Exil folgendermaßen: »Ich hab halt gut gekocht.«

Helene Weigel war selbst keine Schriftstellerin, spielte ihre Rolle für die Literatur jedoch als geniale Theaterleiterin und Schauspielerin, die Brechts Stücke zu dem machte, was sie sind. Sie schrieb Brecht viele Briefe, die er allerdings nicht aufhob. Im Gegensatz zu ihr, die jeden seiner Briefe archivierte. Sehr viele waren es nicht, sie gab ihm, wenn er auf Reisen ging, oft Kuverts mit ihrer Anschrift mit. Manchmal unterschrieb er sie mit »i.k.d.« – ich küsse dich.

PASCHA ODER WOHLTÄTER?

»Sex for text.« So lautet das Urteil von John Fuegi, der Brecht vorwirft, verhindert zu haben, dass angebliche »Dramatikerinnen von Weltrang« – wie die Brecht-Zuarbeiterinnen Elisabeth Hauptmann, Margarete Steffin und Ruth Berlau – in ihrer Hörigkeit gegenüber dem Pascha ein eigenes Werk schaffen konnten. Oder ist das andere Urteil richtig, das da lautet, Brecht sei ein Wohltäter der Frauen gewesen, jedenfalls eines bestimmten Typs unter

»Mein Hausfrauendasein hängt
mir zum Halse heraus.«

HELENE WEIGEL

ihnen? Niemand in seiner Zeit habe das Konzept der Liebesgemeinschaft als geistiger Produktionsgemeinschaft so konsequent umgesetzt wie er. Keiner habe Frauen auch intellektuell so ernst, so sehr als Partner genommen, sie nicht nur durch den starren Blick aufs Dekolleté gewürdigt, sondern durch Fragen, Auskundschaften, Geltenlassen (so die Literaturwissenschaftlerin Sabine Kebir).

IN DER DICHTERFABRIK

Warum ließen diese Frauen, die gestanden waren, gebildet und selbstbewusst, sich so behandeln? Sie müssen etwas zurückbekommen haben, etwas, das die Mühe lohnte. Es scheint so gewesen zu sein, dass Brecht die Frauen, die seine Mitarbeiterinnen in der Dichterfabrik waren, in ihrer eigenen Arbeit unterstützte. So half er Marieluise Fleißer, ihre Stücke zu schreiben und auf die Bühne zu bringen. Allerdings änderte er dabei auch den Titel des Stücks in *Fegefeuer in Ingolstadt*. Sie erfuhr davon erst aus der Ankündigung in der Presse. Als sie jedoch seine ausschließliche Liebe wollte, wies er sie zurück. Da hatte er schon drei Kinder von drei Frauen und nebenbei mehrere Geliebte. Eine von ihnen war Elisabeth Hauptmann, die sogar vom Kiepenheuer Verlag ein Sekretärinnengehalt bezog, weil sie dafür sorgte, dass Brecht pünktlich lieferte. Als er dann aber heiratete, nicht die Fleißer, sondern Helene Weigel, wollte sie sich umbringen.

Bertolt Brecht und Elisabeth Hauptmann.

Maifeier 1954 auf dem Dach des Berliner Ensembles. Mit Helene Weigel.

»DU WURDEST ÜBERSEHEN WIE DAS NÄCHSTLIEGENDE«

Zwei Zitate werden immer wieder zitiert, wenn es um das Verhältnis von Brecht zu seinen Frauen geht: Am berühmtesten wurde die auf Ruth Berlau bezogene Geschichte von Lai-Tu, in der es heißt: »Deine Güte wird festgestellt und gewürdigt, indem sie in Anspruch genommen wird. So erwirbt der Apfel seinen Ruhm, indem er verzehrt wird.«

Und im Hinblick auf seine wohl wichtigste Mitarbeiterin, Elisabeth Hauptmann, die Brecht das Sujet seines größten Erfolges, der *Dreigroschen-*

oper, nahebrachte, weil sie eine englische Fassung für ihn übersetzte, heißt es in einem Gedicht: »Du wurdest übersehen wie das Nächstliegende.« Vor diesem Satz stehen allerdings zwei andere Zeilen: »Auf dich wurden Lasten gelegt, die man/Nur auf die sichersten Schultern legt.«

Gerade Elisabeth Hauptmann sagte aber auch sehr deutlich, lange nach Brechts Tod zum Thema »Ausbeutung« befragt: »Ich fragte nicht nach meinem Anteil.« An anderer Stelle sagte sie: »Wir hatten ja unendlich viel davon.« Als sie nach dem Krieg beim Aufbau des Berliner Ensembles half und sich wieder in Brechts Regie einreihte, tat sie dies aus freien Stücken. Aus ihrem Privatleben hatte sie ihn aber zu diesem Zeitpunkt ausgeklammert. Die kompetente Mitarbeit an seinem Werk war ihr wichtiger als eigener Ruhm, der womöglich nur zweitrangig gewesen wäre.

Und wie war es mit Margarete Steffin? Sie stammte aus der Arbeiterklasse und schrieb selbst. Sie arbeitete als seine Sekretärin, überprüfte aber auch seine Texte daraufhin, ob sie auch von Arbeitern verstanden werden konnten (»Oftmals/Streiche ich lachend selber eine Zeile durch, schon ahnend/Was sie darüber sagen würde.«) Noch 1941 bemühte sich Brecht um eine Möglichkeit zur Veröffentlichung ihrer Texte, vergeblich. Als sie Brecht und Weigel ins dänische Exil folgte, stellte sie alle eigenen Schreibprojekte zurück, weil sie Geld verdienen musste. Geld, das sie bei Brecht verdiente, der sich auch um sie kümmerte und ihr ein Visum für Amerika besorgte. Es ist müßig darüber nachzudenken, wie die Geschichte ausgegangen wäre, denn sie starb auf dem Weg ins amerikanische Exil an Tuberkulose.

Offensichtlich gelang es Brecht, bei den Frauen, die ihn umkreisen, kreatives Potential freizusetzen. Bei einigen, die sich von ihm lösten, versiegte der Strom.

Clara Malraux
1897 – 1982

André Malraux
1901 – 1976

»Wenn Sie sich mir entziehen, dann sterbe ich.«

CLARA MALRAUX

Eine Hydra mit zwei Köpfen

Ist es nicht besser, meine Frau zu sein als eine Schriftstellerin zweiter Ordnung?« Dieser Ausspruch von André Malraux zeigt, wie er das Verhältnis zwischen sich und seiner Frau Clara sah, die er als sehr junger Mann heiratete und mit der er fast dreißig Jahre verheiratet war. Er zeigt auch, wie lange Clara Malraux an dieser Liebe festgehalten hat, obwohl sie sie und ihre eigenen literarischen Ambitionen zu vernichten drohte.

HEIMLICHES SCHREIBEN

Es ist sicher niemals einfach für eine Frau, das Leben eines der großen Männer des zwanzigsten Jahrhunderts zu teilen. Oft bleiben diese Frauen im Schatten ihres Mannes, werden am Ende womöglich larmoyant und fühlen sich verkannt. Auf Clara Malraux trifft all dies nicht zu. Obwohl André versuchte, die Lebensentwürfe seiner Frau seinen eigenen unterzuordnen. Er hintertrieb ihr Interesse, selbst zu schreiben. Sie tat es heimlich. Er brauchte sie, damit sie ihn anhimmelte, war aber nicht bereit, ihre Kritik anzunehmen.

Im Juni 1921 trafen sie sich bei einem Abendessen. Clara Goldschmidt saß zu weit entfernt von Malraux, um mit ihm zu sprechen, aber sie war fasziniert von dem neunzehnjährigen literaturbesessenen Dandy. Am Sonntag darauf begegneten sie sich zum zweiten Mal bei Claire und Iwan Goll. Diesmal redeten sie, über Literatur. Sie sprach über deutsche und russische Autoren, er über die Dichter des Mittelalters.

Claras Eltern waren vermögende deutsche Juden aus Magdeburg, die sich in Frankreich niedergelassen haben. Clara reiste oft nach Deutschland und war zweisprachig, umfassend gebildet. Sie arbeitete als Übersetzerin, übertrug Freud, Döblin, Virginia Woolf, Iris Murdoch, Kafka und Luise Rinser. André stammte aus bescheidenen Verhältnissen, die er totschwieg, und ar-

beitete als Journalist. Als Clara erwähnte, dass sie nach Italien reisen wolle und keine Begleitung habe, schlug er vor, sie zu begleiten. Im Oktober 1921 heirateten sie, weil es sich für eine Frau wie Clara nicht gehörte, als unverheiratete Frau mit einem Mann zu reisen. Sie schworen sich Unabhängigkeit und das Recht, sich nach sechs Monaten wieder scheiden zu lassen. Auf diese Scheidung verzichteten sie, weil sie sich so gut verstanden. »Wir haben nur uns gesehen«, schrieb Clara später.

MÄNNERSACHEN

Das Paar war wie eine Hydra mit zwei Köpfen. Sie gingen aus, sie redeten, sie sahen sich Bilder an. Clara bewunderte Malraux uneingeschrankt, seine Intellektualität, seine Verbindungen zu Zeitungen und Dichtern, seinen Charme. Aber sie wusste auch um ihre eigenen Fähigkeiten und Kenntnisse. Solange sie allein waren, war er bereit, ihre Ratschläge, ihre Kritik anzunehmen. Doch in Gegenwart Dritter pochte er auf seine Meinung, Kultur sei eine Sache für Männer. Dann sprach nur er, sie sollte den Mund halten, obwohl sie etwas zu sagen gehabt hätte. Anfangs unterwarf sie sich, aber mit den Jahren war sie nicht mehr bereit dazu und schrieb diesen merkwürdigen Satz: »Ich bin nicht schön genug, um zu schweigen.«

DIEBE IN FERNOST

André investierte ihr Vermögen in mexikanische Aktien, die abstürzten, was sie in den Ruin trieb. Als sie ihn fragte, was sie nun tun sollten, antwortete er: »Sie glauben nicht ernsthaft, dass ich arbeiten werde?« Daraufhin fasste er den Plan, in Kambodscha Khmer-Kunst zu stehlen. Clara wollte ihn begleiten, sie war eine passionierte Reisende. Im Oktober 1923 reisten sie in die damalige französische Kolonie und begannen ihr stümperhaftes

Werk. Sie wurden erwischt und vor Gericht gestellt. André wurde zu drei Jahren Gefängnis verurteilt. Clara täuschte einen Selbstmordversuch vor und trat in den Hungerstreik, bis sie nach Frankreich ausreisen durfte. Dort versuchte sie mit Hilfe von berühmten französischen Freunden, ihn aus dem Gefängnis zu bekommen. Die Strafe wurde dann zur Bewährung ausgesetzt, mit dem Argument, von Malraux sei noch viel zu erwarten.

Hat hier seine Idee ihren Ursprung, ein Genie zu sein, der die Wahrheit zu Gunsten von Höherem verbiegen dürfe, dessen intellektuelle Überlegenheit eine höhere Moral besitze und der die Zuarbeit seiner Frau als selbstverständlich nahm? Er dankte Clara nie für ihr Engagement, das ihn letztendlich aus dem Gefängnis holte. Im Gegenteil: Er warf ihr vor, auch die verhassten Surrealisten um André Breton um Hilfe gebeten zu haben. Er gab lieber ihr Geld aus und nutzte ihre gesellschaftlichen Verbindungen.

SEITE AN SEITE

Auch in den folgenden Jahren verbrachten beide viel Zeit in Asien, vornehmlich in Saigon. Malraux wurde Mitbegründer einer antikolonialen Zeitung. Clara durfte den Pernod servieren und übersetzen. Aber solange sie ein gemeinsames Ziel hatten, arbeiteten sie Seite an Seite. Es war auch sein politisches Engagement für die Unterdrückten, für das Clara André liebte.

André Malraux begann, die gemeinsamen Reisen in Literatur zu gießen. Allerdings bog er sich dabei die historische Wahrheit zurecht und stilisierte sich zum Helden, so zum Beispiel als Kämpfer für die chinesische Revolution. Clara, während all seiner Reisen an seiner Seite, tauchte in seinen Büchern nicht mit einem Wort auf. Sie fühlte sich »vernichtet«, nicht zum letzten Mal. Mit seinem literarischen Erfolg, von dem er sie fernhielt – nicht einmal auf Fotos sieht man sie –, begannen die Zwistigkeiten. Vielleicht auch schon früher. Denn während Malraux schrieb, langweilte sich Clara.

»*Alles, was Sie von mir wollten, ist dieses Kind.*«

ANDRÉ MALRAUX nach der Geburt der Tochter Florence, 1933

Sie taugte nicht zur Hausfrau, wollte auch nie eine sein. Aber André wollte nicht, dass sie arbeitete. Und selbst zu schreiben, das gestand er ihr nicht zu. Sie fühlte sich wie eine Wölfin im Käfig.

1928 wurde André Malraux Mitglied des Redaktionskomitees im berühmten Verlag Gallimard. Er betreute ausgerechnet die Engländer und Amerikaner, obwohl er kein Englisch sprach. Clara hatte ihn inzwischen so weit durchschaut, dass sie das mit Ironie nahm. Sie begann heimlich zu schreiben, ein *Livre de comptes*, ein Buch der Abrechnung, in dem sie die Jahre mit Malraux beschrieb. Von Elsa Triolet (siehe S. 72) erfuhr sie, dass die es genauso machte. Zwei Schwestern im Geiste.

1933 wurde die Tochter Florence geboren, Malraux erhielt den Prix Goncourt für *La condition Humaine (So lebt der Mensch)*. Clara nahm an der Verleihung nicht teil.

WIDERSTAND

Beide kämpften in Spanien für die Republik; 1937, zurück in Paris, wohnten sie nicht mehr in derselben Wohnung. Es kam zu politischen Zerwürfnissen und 1939 zur endgültigen Trennung. Clara veröffentlichte ihr *Livre de comptes*. Nachdem er es gelesen hat, warf er ihr vor, ihre Liebe zu verraten.

Während der deutschen Besetzung, als ihr Leben als Jüdin in Gefahr war, versteckte Clara sich mit der Tochter, engagierte sich im Widerstand und überlebte mehr schlecht als recht, während André es sich mit einer neuen Geliebten an der Côte d'Azur gutgehen ließ und sich den Gaullisten zuwandte. Allerdings weigerte er sich standhaft, sich von seiner jüdischen Frau scheiden zu lassen. Bis zum deutsch-sowjetischen Nichtangriffspakt im August 1939 war er Kommunist. Seine Tätigkeit für die Résistance begann spät, im Jahr der Befreiung im März 1944, dennoch gelang es ihm, sich später als Widerstandshelden hinzustellen.

GESCHIEDENE LEUTE

Clara Malraux empfand die Loslösung von André schlimmer als den Entzug vom Opium, dem sie seit Indochina verfallen war. Dennoch erlebte sie die Trennung wie eine Erlaubnis, endlich selbst schreiben zu dürfen, befreit von der Last der Ehe. 1947 kam es zur Scheidung. Danach haben sie nie wieder miteinander geredet, André erwähnte den Namen seiner ersten Frau nie wieder.

1958 wurde er Kulturminister unter Charles de Gaulle, während sie sich für die algerische Unabhängigkeit und gegen die Folter engagierte. Clara Malraux begann mit sechzig Jahren, ihre sechsbändigen Memoiren zu schreiben, die zwischen 1963 und 1979 in Frankreich erschienen.

DIE UNTERSCHLAGENE FRAU

Wäre André Malraux einer der größten Schriftsteller Frankreichs des zwanzigsten Jahrhunderts geworden, ohne Clara an seiner Seite zu haben? Die organisierte, sich zurücknahm, die Reisen finanzierte, ihn aus dem Gefängnis holte, ihn in die bessere Gesellschaft einführte, ihm Spengler zu lesen gab? Die sich den Mund verbieten ließ, wenn sie Gäste hatten, während er sich produzierte? Die sich das Talent absprechen ließ, obwohl alle anderen sie für eine gute Übersetzerin hielten? Die sich sogar das Schreiben verbieten ließ, um zuzusehen, wie er seine Geliebte Louise de Vilmorin bei der *Nouvelle Revue Française* als Autorin unterbrachte? Vielleicht ein Indiz für die Antwort: Den ersten Roman, den er fern von ihr schrieb, *L'Espoir (Die Hoffnung)* mochte sie nicht. Er floppte in den Buchhandlungen.

André Malraux hat seine Bücher geschrieben, in denen er seine Reisen und Aufenthalte in fremden Ländern verarbeitete, ohne die Frau, die mit ihm gereist ist und für ihn übersetzt hat, überhaupt zu erwähnen. Er schaffte es auch, seine Memoiren zu schreiben, ohne ihren Namen zu nennen. Trotz allem hat Clara den Namen Malraux bis zum Schluss nicht abgelegt. Offensichtlich hat sie ihn bis zu ihrem Tod geliebt.

Siebtes Kapitel

Ist heute alles anders? Moderne Paare

Hundert Jahre sind vergangen, seit Willy sich Colettes Texte aneignete, sie unter seinem Namen publizierte und die Rechte verkaufte, ohne sie zu fragen. Noch vor fünfzig Jahren scheiterten Sylvia Plath und Ted Hughes an dem Versuch, eine gleichberechtigte Partnerschaft zwischen Leben und Literatur hinzubekommen. Und heute? Gelingt es heutigen Autorenpaaren, Leben und Schreiben zu verbinden, ohne dass ein Teil nachgibt, sich unterwirft, zerbricht?

Es sind nicht nur die Konflikte und unterschiedlichen Vorstellungen innerhalb eines Paares, die zum Scheitern führen, sondern oft auch gesellschaftliche Vorurteile. Selbst wenn sich beide Teile eines Paares einige sind, gibt es Verleger, Agenten, Journalisten, Leser – Meinungen von außen, die das nicht akzeptieren oder verstehen wollen.

Siri Hustvedt
geb. 1955

Paul Auster
geb. 1947

> *»Alleine schon, wenn ich Rezensionen gelesen habe ...
> immer hieß es, die Frau von Paul Auster, als ob das meine
> Bücher irgendwie wichtiger machen würde.«*
>
> SIRI HUSTVEDT

Das Glück der Konkurrenz

An dem amerikanischen Schriftstellerpaar Auster/Hustvedt lässt sich die Problematik eines modernen schreibenden Paares glänzend ablesen.

Siri Hustvedts neuester Roman *Die gleißende Welt* aus dem Jahr 2015 handelt von den Ungerechtigkeiten, die Künstlerinnen erleben. Der Titel des Romans ist nicht neu: Bereits in siebzehnten Jahrhundert nannte Margaret Cavendish ihr Buch so. Cavendish wurde zu Lebzeiten als Autorin geschmäht. In Hustvedts Roman geht es um eine Künstlerin, die voller Zorn darunter leidet, in einer von Männern dominierten Kunstwelt nicht genügend gewürdigt zu werden. Also engagiert sie drei

Gespräch im Strand Bookstore, New York 2012.

209

junge Künstler (Männer!), die ihre Werke unter ihrem Namen vermarkten. Mit dieser List will sie den Kunstbetrieb entlarven. Doch es kommt anders: Als einer der drei Männer in einer ihrer Installationen ums Leben kommt, ist es wiederum er, ein Mann, der die Aufmerksamkeit erhält.

DIE KAFKAS AUS BROOKLYN

Soweit zur Ebene des Romans. Im Leben sind Paul Auster und Siri Hustvedt ein glamouröses New Yorker Intellektuellenpaar, vielleicht die moderne amerikanische Inkarnation des Traumpaars Sartre/Beauvoir, das sich zu allem Überfluss auch noch liebt und seit über dreißig Jahren eine glückliche Ehe führt.

Wenn Auster und Hustvedt es schaffen, nicht in Konkurrenz zu denken, so gelingt das nicht allen anderen. Die Rezensentin Meike Fessmann (in der *Süddeutschen Zeitung*) ist nicht die einzige, die Siri Hustvedt attestiert, spätestens mit ihrem letzten Buch besser zu sein als ihr Mann Paul Auster. Es läuft scheinbar doch immer noch auf eine Konkurrenz hinaus, auf die

Frage: Wer ist der oder die Bessere? Meike Fessmann konstatiert, dass das Paar Auster/Hustvedt virtuos das intellektuelle Glamourpaar abgibt, »dessen Zusammenspiel zu beiderseitigem Nutzen den Wert ihrer literarischen Aktion erhöht«. Sie macht als durchgehendes Thema in den Romanen und Essays von Hustvedt die fehlende männliche Anerkennung aus. Der Schritt zur Übertragung dieses Gefühls auf das Leben der Autorin ist da nicht weit.

DIE FASZINATION DER SIRI HUSTVEDT

Siri Hustvedt wächst als Tochter eines Amerikaners und einer Norwegerin im Mittleren Westen auf, in einem Landstrich, in dem sie sich mit ihren literarischen Ambitionen nicht am richtigen Platz fühlt. Ihr Traum ist es, nach New York zu gehen. Als sie dort ankommt, kennt sie keine Menschenseele und verbringt die ersten drei Tage in ihrer winzigen Wohnung an der Grenze zu Harlem und liest *Verbrechen und Strafe*. 1981 trifft sie Paul Auster bei einer Lyriklesung. Sie ist von seiner Schönheit fasziniert und verliebt sich auf der Stelle. Er benötigt ein paar Stunden länger. Sie heiraten 1982, da wird er gerade als Autor bekannt. Weil sie kein Geld haben, müssen die Gäste der Hochzeitsfeier das Essen selbst bezahlen. Beide sind Autoren, doch er wird mit der *New York Trilogie* (1986) als erster berühmt.

Siri Hustvedt beginnt 1986 mit der Arbeit an *Die unsichtbare Frau*, ein Jahr, bevor ihre Tochter geboren wird. Das Buch erscheint erst 1992. Da hat Paul Auster schon ein halbes Dutzend Romane veröffentlicht.

»Anfangs fühlte es sich an, als ob die Menschen geradezu über mich drüber trampelten, um zu dem großartigen Mann zu kommen. Ich hatte Fußspuren überall auf meinem Körper.« Und noch bei Er-

Mit Tochter Sophie.

»Artemisia Gentileschi, von der Nachwelt geringgeschätzt, ihr bestes Werk ihrem Vater zugeschrieben. Judith Leyster, zu ihrer Zeit bewundert, dann ausgelöscht. Ihr Werk Frans Hals zuerkannt. Camille Claudels Ansehen ganz von Rodins verschluckt. Dora Maars großer Fehler: Sie schlief mit Picasso, eine Tatsache, die ihre brillanten surrealistischen Fotos auslöscht.«

SIRI HUSTVEDT, *Die gleißende Welt*

scheinen ihres Buches *Lily Dahl* 1996 sagt ihr eine deutsche Journalistin, sie sei überzeugt, Paul Auster habe das Buch geschrieben.

Und tatsächlich bleibt sie in den ersten Jahren in seinem Schatten. Weil sie sich um die gemeinsame Tochter Sophie kümmert, die 1987 geboren wird, »eine große Liebesgeschichte, eine leidenschaftliche Anziehung«, wie sie sagt. »Es ist nicht nur so, dass ich (in diesen Jahren) keine Zeit zum Schreiben gehabt hätte. Eher so, dass mir die affektive Disposition fehlte. Die intime Erfahrung, sie aufwachsen zu sehen, hat mich gefangen genommen.« Jeden Tag, vom zweiten bis zum dreizehnten Lebensjahr, liest sie ihrer Tochter zwei Stunden lang vor. Sie hasst es, wenn man in ihren Texten nach autobiografischen Parallelen sucht. So taucht immer wieder die Frage auf, warum die Frauen in ihren Büchern unglücklich an den Männern werden, ob das etwas mit ihrem eigenen Leben zu tun habe. Als hätten Frauen keine Fantasie und müssten ihre Texte mit ihrem Leben füttern!

Siri Hustvedt ist überzeugt, dass niemand diese Frage an Paul Auster richten würde. Aber Simone de Beauvoirs Werk ist immer wieder danach befragt worden. »Wie kann man es wagen, diese große Intellektuelle so zu behandeln?«, ist ihre wütende Replik. Sie sieht darin eine Art des Sexismus. Dennoch spielen ihre Romane in New York und in Minnesota, wo sie aufgewachsen ist, denn sie braucht die Visualisierung bekannter Orte, um aus dem Vertrauten heraus das Fremde zu entdecken.

DIE ZITTERNDE FRAU

Siri Hustvedt arbeitet im Obergeschoss ihres gemeinsamen Hauses in Brooklyn, Paul Auster hat ein Appartement einige Blocks entfernt, das er als spartanisch bezeichnet. Er besitzt keinen Computer und schreibt auf der Schreibmaschine. Beim Frühstück reden sie nicht miteinander, tagsüber schreiben beide für sich, aber wenn sie sich dann am späten Nachmittag treffen, dann reden sie über alles. In diesen Gesprächen ist für beide das Überraschungsmoment wichtig. »Ich weiß nie, was er sagen wird.« Sie spricht aber auch von der großen geistigen Vertrautheit, wenn sie erzählt: »Wenn wir abends eingeladen sind und jemand erzählt etwas, haben mein Mann und ich dieselben Assoziationen. Ich kann abwarten, ob er jetzt etwas dazu sagt oder ich.«

Als sie bei einem öffentlichen Auftritt kurz nach dem Tod ihres Vaters von einem unbekannten Zittern befallen wird, das sich wiederholt, beginnt Siri Hustvedt, sich mit Neurowissenschaften zu beschäftigen. Sie liest alles, was sie dazu finden kann, und die Legende besagt, dass Paul Auster ihr weitere Lektüre zu dem Thema verboten haben soll. Bei einem gemeinsamen Podiumsgespräch im Juni 2012 erzählt sie jedenfalls, sie habe die Bücher in einer braunen Papiertüte versteckt, als sei es Alkohol.

Paul Auster hat die Bücher, die er schreiben wollte, geschrieben. Für ihn ist es auch vorstellbar, nicht mehr zu schreiben, es sei denn, etwas wirklich Gutes kommt dabei heraus. »Ich hatte einen Vorrat an Geschichten, aber vor einigen Jahren zeigte sich, dass die Schubladen leer sind«, sagte er 2013. Anders Siri Hustvedt: Sie habe noch viele Bücher im Kopf. Vielleicht weil sie Jahre ohne Schreiben verbracht hat, als sie emotional bei ihrer Tochter war. Erst seitdem Sophie aus dem Haus ist, machte sie sich ernsthaft an die Arbeit.

DER ERSTE LESER

Ihr Mann ist ihr erster Leser. »Das Großartigste für mich ist zu beobachten, wie sie sich als Schriftstellerin entwickelt«, sagte Auster jüngst der Deutschen Presse-Agentur.

»Sie war schon immer gut, aber sie wird einfach immer besser und besser. Nicht nur ihre Romane, sondern auch ihre Essays. Sie ist wirklich gut im Rennen und es ist ganz schön aufregend, da Schritt zu halten. Sie ist die Intellektuelle in der Familie und ich genieße es einfach, ihr Leser zu sein. Es ist eine wahre Freude, mit so einem Genie zusammenzuleben.«

Kathryn Chetkovich

geb. 1958

Jonathan Franzen

geb. 1959

> *»Mit ihr langweile ich mich nie. Sie hilft mir genauer zu denken. Ich glaube nicht, dass ich mit jemandem leben könnte, mit dem ich keine intellektuelle Freundschaft hätte. Vielleicht mit einem Hund.«*
>
> JONATHAN FRANZEN

Abgelenkt durch seinen Erfolg

Schonungsloser als die US-Autorin Kathryn Chetkovich hat wohl noch niemand die Verheerungen beschrieben, die es mit sich bringen kann, wenn der schreibende Partner ein Millionenpublikum erreicht, während die eigenen Texte von den Verlagen abgelehnt werden.

EINE GESCHICHTE ÜBER NEID

»Dies ist die Geschichte von zwei Autoren. In anderen Worten, dies ist eine Geschichte über Neid.« So beginnt ihr Essai *Envy, Neid,* erschienen 2003. Dieser Neid geht so weit, dass sie sich nach dem 11. September 2001, als Franzens *Korrekturen* seit einer Woche in den Buchhandlungen liegt, bei dem Gedanken ertappt, dass nun der Anschlag von New York alle Aufmerksamkeit haben werde und nicht länger sein neues Buch.

Als sie sich kennenlernen, macht sie sich große Sorgen um ihren kranken Vater, und Jonathan Franzen unterstützt sie. »Du musst deine Arbeit machen«, sagt er zu ihr, und er meint damit das Schreiben. Sein Vertrauen hilft ihr, die sonst Stunden tagträumend an ihrem Schreibtisch sitzt und dekorative, kleine Sätze zusammenstrickt, um alltägliche Begebenheiten zu schildern. Bisher hat »Arbeit« etwas bedeutet, wofür man bezahlt bekommt.

Kathryn Chetkovich und Jonathan Franzen leben zusammen, finden in den Alltag, aber es kommt die Zeit, da er seinen Ton, ins Schreiben findet. Während sie kleine Geschichten produziert, schreibt er mehrere hundert Seiten seines neuen Romans.

LUST UND VERLUST

Sex und Erfolg spielen eine Rolle, bedingen sich mitunter. Als Jonathan eines Tages nach Hause kommt und sie bittet, ein paar Seiten zu lesen, die er für missraten hält, überkommt Kathryn körperliche Lust. Es sei unglaublich erleichternd gewesen zu sehen, dass auch er schlechte Tage habe. Aber sie liest doch vorher die Seiten und stellt fest, dass sie gut sind. Ihre Lust ist verflogen.

Es kommt zu demütigenden Szenen, etwa als der Verleger Franzens Roman in den Himmel lobt und sie auch um ihre Texte bittet. Franzen weist ihn darauf hin, er habe sie ja bereits gelesen und schon abgelehnt. Ihre Freunde meinen es gut und fragen Kathryn dennoch, wie sie das aushalte, mit einem Kollegen zusammen zu sein, der so viel größeren Erfolg hat als sie selbst.

Kathryn Chetkovich hält es nicht aus. Wenn der Mann, mit dem eine Schriftstellerin zusammenlebt, auf einmal einen derart großen Erfolg hat, dann mache das den eigenen Misserfolg nur größer, schreibt

sie, dann gelte der Satz von Virginia Woolf nicht mehr, die Welt würde sich nicht für Schriftsteller interessieren. Und dass sie sein schriftstellerisches Können anerkennt, macht die Sache nicht leichter. »Dieses Mal haben die Götter nicht den dummen Fehler gemacht, einem untalentierten Scharlatan zuzulächeln.«

TRENNUNG UND RÜCKKEHR

Als die englischen Rechte für seinen Roman für eine nie dagewesene Summe verkauft werden, ruft er nicht sie an, sondern seine Schwägerin, weil er ihrem Enthusiasmus nicht traut. Als Frau freut sie sich für ihn, als Kollegin fällt es ihr schwer.

Kathryn Chetkovich trennt sich von Jonathan Franzen und hat dann dennoch, trotz allem, den Mut, zu ihm zurückzukehren. Aber sie reden nicht über ihre Erfolge und Misserfolge, obwohl sie doch gerade auf die Wörter zurückzuführen sind.

Kathryn macht sich Gedanken darüber, warum alles so war, wie es war, woher ihr Neid rührt und worauf er sich bezieht. Sie kommt zu dem Schluss, dass sie Jonathan Franzen um seine Selbstsicherheit beneidet, die ihn schreiben lässt. Wäre es umgekehrt gewesen, hätte sie zuerst den Bestseller geschrieben, er hätte sich wohl nicht entmutigen lassen, dessen ist sie sich sicher. Und statt selbst zu schreiben, habe sie sein Schreiben gespiegelt. Damit ist sie bei den unterschiedlichen Gewichten, die Männer und Frauen im Literaturbetrieb haben.

Sie hat dabei das Beispiel von Jonathan Franzens geschiedener Frau vor Augen. Er und seine Frau Valerie Cornell wollten beide nach dem Studium Schriftsteller werden und ordneten diesem Ziel alles unter. Sie füllten den Kühlschrank mit Reis und Hähnchen und gingen nur einmal pro Jahr ins Restaurant. An fünf Tagen die Woche schrieben sie acht Stunden täglich, abends lasen sie stundenlang. Als Franzen anfing, mit seinen Büchern Erfolg zu haben, während die Bücher seiner Frau keinen Verlag fanden, trennten sie sich.

Kathryn Chetkovich selbst hat so etwas wie ihren Frieden gemacht. Es fällt ihr manchmal schwer, seine Bücher in den Buchhandlungen zu sehen, die vielen Interviews mit ihm zu lesen. Sie schreibt, auch wenn sie weiß, dass sie darin nicht die Beste ist. Sie schreibt, weil sie diesen Beruf gewählt hat. Sie schreibt, weil sie die andere Frau widerlegen und sie rächen will, weil sie ihre Feindin und ihre Verbündete ist.

Jessica Durlacher
geb. 1961

Leon de Winter
geb. 1954

> »Mein Mann hat gerade ein Buch fertiggeschrieben und muss es jetzt redigieren. Das ist eine anstrengende Arbeit, bei der er mich oft sprechen will.«
>
> JESSICA DURLACHER

Zwei Autoren mit einem Lebensthema

Ihre erste gemeinsame Arbeit nach vielen Jahren Ehe ist das Libretto für eine Bühnenfassung der Geschichte von Anne Frank. *Anne* wird von der Anne-Frank-Stiftung bei dem Schriftstellerehepaar in Auftrag gegeben. Für das Stück wird extra ein Theater im Amsterdamer Hafen gebaut, wo es im Mai 2014 Premiere feiert und dann ein durchschlagender Erfolg wird.

DAS JUDENTUM ALS LEBENSTHEMA

Kennengelernt hat Jessica Durlacher Leon de Winter, als sie Literaturkritiken schrieb. »Nach dem zweiten Interview mit ihm hat er angefangen, mich anzurufen.« Sie haben viel gemeinsam, allein dadurch, dass sie beide »Survivor Children« sind, die Kinder von Überlebenden des Holocaust. Dieses Thema ist ein Teil ihres Lebens, das auch in ihren Büchern aufscheint. Jessica Durlacher erinnert sich an die gemeinsamen Mahlzeiten mit ihrem Vater, der als einziger der Familie das KZ überlebt hat. Er kann seinen Hunger nur selten stillen und fragt die Tochter, ob sie noch etwas essen wolle. Sie

lehnt ab, wird sogar magersüchtig. Über ihrer Kindheit schwebt die immerwährende Angst, es könne jeden Augenblick etwas passieren.

Auch Leon de Winter stammt aus einer jüdischen Familie. Fast alle seiner Onkel und Tanten wurden im KZ ermordet. Leon der Winter ist der politischere Autor, er schreibt verschiedene Blogs, ist ein bedingungsloser Fürsprecher Israels, meldet sich zu Wort, ist umstritten.

Jessica Durlachers erster Roman *Das Gewissen*, der 1998 erscheint, wird das bestverkaufte Debut in den Niederlanden. Sie arbeitet im Gartenhaus der Villa im Amsterdamer Viertel Bloemendaal. Leon de Winter bleibt im Haus. Sie kommunizieren über E-Mail und Telefon. »Niemals an einem Tisch. Das wäre denn sehr laut geworden«, sagt sie.

Immer wieder leben sie in Amerika, wo er viele seiner Bücher verfasst. Sein letzter Roman *Ein gutes Herz* entsteht in Kalifornien, im ehemaligen Haus von Ralph Greenson, dem Analytiker von Marilyn Monroe. Er schreibt dann

oben im Haus, seine Frau unten am Schreibtisch von Greenson. Wenn er das erste Kapitel in einem Guss heruntergeschrieben hat, schickt er es seiner Frau nach unten. Dann schleicht er sich an, um ihre Reaktion zu beobachten.

EINE SCHRIFTSTELLER-EHE

In einem Interview für ihren Verlag Diogenes haben die beiden erzählt, wie sie ihre Schriftsteller-Ehe in den Griff bekommen: Er macht morgens das Frühstück für die Kinder, vergisst dabei aber, ihnen etwas zu trinken zu geben, damit sie das Gefühl haben kann, Dinge zu vollenden. Danach treffen sie sich auf einen zweiten Kaffee, dann verschwindet jeder in seinem Arbeitszimmer. Tagsüber telefonieren sie dann häufig miteinander, bis zu zehnmal. Wenn er allerdings an einem Buch arbeitet, tut sie das nicht zur selben Zeit, denn sie tauchen dann beide völlig in ihre Arbeit ab und haben keine Aufmerksamkeit mehr für die Familie und die beiden Kinder. Sie sind kritische Leser des Textes des oder der jeweils anderen und sind dabei nicht zimperlich. Da werden schon mal ganze Kapitel herausgestrichen oder es wird »Bullshit« an den Rand geschrieben. Es kommt auch vor, dass beide dasselbe Thema interessiert, aber bearbeiten tut es nur einer.

Leon de Winter kann überall schreiben, »selbst mitten im größten Tumult am Küchentisch«, sagt Jessica Durlacher. Sie selbst braucht absolute Ruhe und Konzentration. Schon ein Anruf bringt sie aus dem Konzept, der Arbeitstag ist gelaufen.

Die beiden scheinen es zu einem harmonischen Gleichgewicht geschafft zu haben. Kritiker und Leser offensichtlich auch: Jessica Durlachers Bücher werden von der Kritik ausnehmend gelobt. Seine allerdings verkaufen sich besser.

Mit Tochter Solomonica.

Anka Muhlstein
geb. 1935

Louis Begley
geb. 1933

»Ich bin aus einem Grund in diesem Leben sehr glücklich. Der Grund ist, dass ich mit Anka zusammenlebe.«

LOUIS BEGLEY

Zwei, die sich nicht in die Quere kommen

Louis Begley wurde 1933 als Ludwik Begleiter in Polen geboren und überlebte den Holocaust mit einem gefälschten arischen Pass. 1947 emigrierte er nach Amerika, wo er Jura und Literatur studierte und Anwalt wurde. 1991 erscheint sein erster Roman *Lügen in Zeiten des Krieges*, der von einem polnischen Jungen während des Krieges erzählt. Das Buch wurde ein internationaler Bestseller; 1994 kam es auf Deutsch heraus. Seinen ersten Roman schrieb er während eines Sabbaticals, die folgenden dann jeweils am Wochenende. Seit 2004 arbeitet er nicht mehr als Anwalt und hat sich ausschließlich auf das Schreiben verlegt. Seine Bücher spielen in der Ostküsten-Oberschicht, die letzten Romane sind sogar waschechte Thriller.

Aber alles beginnt mit seinem ersten Roman. Er habe erst die Geschichte der Judenverfolgung aufarbeiten müssen, bevor die anderen Bücher kommen konnten, sagte er in einem Interview. Neben der Schwierigkeit mit dem Material, das zu schmerzhaft ist, um erzählt zu werden, ist die Sprache ein Hindernis, denn seine Kindheit hat in Polen auf Polnisch stattgefunden, jetzt lebt er in einem englischsprachigen Land (nachdem er während des Krieges Russisch und kurz danach in Paris Französisch gelernt hat).

Louis Begley brauchte vier Monate, um sich seiner Geschichte zu stellen und sie aufzuschreiben. Nach diesem ersten Buch hatte er eigentlich nicht den Plan, weiterzuschreiben, aber die Bücher kommen zu ihm.

DIE FASZINATION DER BIOGRAFIE

Anka Muhlstein wurde 1935 als französische Jüdin in Paris geboren und kam mit fünf Jahren nach Amerika. Sie ist nicht nur Autorin, sondern auch Historikerin. Ihre Buchthemen findet sie in Biografien. Sie hat über Balzac, Elisabeth I. und Maria Stuart geschrieben. Für ihre Biografie über Astolphe de Custine, einen Reiseschriftsteller des 18. Jahrhunderts, erhielt sie den Prix Goncourt für Biografien. Anka Muhlstein hat einen faszinierenden Zugang zu den Personen ihrer Bücher entwickelt: Balzac nähert sie sich über das Essen, Proust über seine Lektüre.

1971, als sie sich während eines Urlaubs in der Provence im Haus von Anka Muhlsteins Schwester trafen, war sie verheiratet, Louis Begley frisch geschieden. Beide haben Kinder. Sie hatten damals zwei Tage, um sich kennenzulernen, dann fuhr sie zurück nach Paris, er nach New York. Sie wagte es, ihm ihr erstes Buch über Proust zu schicken, er antwortete ihr. Er schrieb damals auf Englisch, sie auf Französisch. 1974 heirateten sie und leben seitdem in New York. Sie sprechen Französisch miteinander.

*»Ich habe nie für eine akademische Leserschaft geschrieben.
Lesbar sein, genau das wollte ich immer.«*

ANKA MUHLSTEIN

KONKURRENZ NACH ZWANZIG JAHREN?

Anka Muhlstein und Louis Begley besitzen ein Sommerhaus in den Hamptons, in einer der teuersten Gegenden der USA. Den Rest des Jahres leben sie in der Park Avenue in New York. Die Wohnungen, in früheren Jahren gekauft, sind heute ein Vermögen wert. Sie leben ein geruhsames, behagliches Leben, in dem der Tagesablauf geregelt ist, vielleicht wie bei vielen alten Menschen: Schreiben, Mittag essen, wieder schreiben, Abend essen.

Doch ob Anka Muhlstein damit gerechnet hat, dass ihr Mann nach fast zwanzig Jahren Ehe ebenfalls anfangen würde zu schreiben? Und dass er gleich einen Bestseller hinlegt und viel berühmter ist als sie? Offensichtlich hat sie kein Problem damit. Vielleicht liegt es daran, dass ihre Themen sich nicht in die Quere kommen, denn sie schreibt Sachbücher, er Romane, so gibt es keine Konkurrenz. Vielleicht liegt es auch an der unterschiedlichen Sprache. Ein Buch haben sie gemeinsam verfasst: *Venedig unter vier Augen*, ein Reiseführer. Sie mögen es nicht besonders.

Nicole Krauss
geb. 1974

Jonathan Safran Foer
geb. 1977

»*Eheliches Romanduell.*«

JORDAN MEJIAS in der *Frankfurter Allgemeinen Zeitung*

Zwischen Nähe und Distanz

Nach zehn gemeinsamen Jahren trennten sich die beiden Schriftsteller, die in einem Haus in Brooklyn lebten. Doch bleiben wir fürs erste bei den Gemeinsamkeiten: Nicole Krauss und Jonathan Safran Foer stammen aus europäischen jüdischen Familien, in denen die Vorfahren Holocaust-Überlebende waren. Sie haben zwei Kinder, um die sie sich gemeinsam kümmern, sie wohnen nicht weit voneinander entfernt. Ihre Bücher – oder besser: deren Protagonisten – werden von Kritikern als beinahe verwechselbar beurteilt. Beide Autoren schreiben verschachtelte Geschichten mit viel Personal, deren Handlungsstränge auf eine komplizierte Art miteinander zusammenhängen. Fast könnte man sich ihre Figuren auch in seinen Romanen vorstellen oder umgekehrt. Ihre Bücher

werden in viele Sprachen übersetzt und weltweit gelesen, beide haben bedeutende Preise erhalten.

Für seinen ersten Roman *Alles ist erleuchtet* bekam Jonathan Foer einen Vorschuss von fünfhunderttausend Dollar, für den zweiten, *Extrem laut und unglaublich nah*, sogar die doppelte Summe.

Ihre erste Begegnung fand statt, als Nicole Krauss ihren ersten Roman veröffentlicht hatte, *Kommt ein Mann ins Zimmer*, und er seinen Weltbestseller hingelegt hatte. Ihr niederländischer Verleger soll das Blind Date arrangiert haben. Sie wird oft als »Frau von ...« bezeichnet, was sie kränkt. Es ist reine Spekulation, aber zumindest vorstellbar, dass sie es nicht aushielt, selbst eine gute, weltweit gelesene Autorin zu sein und dennoch immer an zweiter Stelle nach ihrem Mann genannt zu werden. Es wäre interessant zu wissen, wie hoch ihre Vorschüsse waren. Im März 2015 publizierte Leah Finnegan einen Artikel, in dem sie von einem Vier-Millionen-Dollar-Vertrag für die nächsten beiden Bücher von Nicole Krauss spricht. Und sie nennt Krauss »die Exfrau des berühmten Vegetariers Jonathan Safran Foer«.

»Schreiben ist wie ein Zuhause für mich.«

NICOLE KRAUSS

AUSGEWÄHLTE LITERATUR

Nicht aufgenommen sind Quellen aus dem Internet, insbesondere Interviews, Artikel und Berichte aus deutschen, englischen und französischen Zeitungen und Zeitschriften.

Edelgard Abenstein: Wir sind einfach unzertrennlich. Berühmte Frauen und ihre beste Freundin, München 2012.
Dominique Bona: Clara Malraux. Paris 2010.
Kathryn Chetkovich: Envy. In: The Guardian, 22. Juni 2003.
Joan Didion: Das Jahr des magischen Denkens, Berlin 2008.
Dorothy Gallagher: Lillian Hellman. An Imperious Life. New Haven und London 2014.
Ingeborg Gleichauf: Ingeborg Bachmann und Max Frisch. Eine Liebe zwischen Intimität und Öffentlichkeit, München 2013.
Claire Goll/Yvan Goll/Paula Ludwig: »Nur einmal noch werde ich dir untreu sein«. Briefwechsel und Aufzeichnungen 1917-1966. Herausgegeben und mit einen Nachwort versehen von Barbara Glauert-Hesse, Göttingen 2013.
Claire Goll: Ich verzeihe keinem. Eine literarische Chronique scandaleuse, München 1995.
Hiltrud Häntzschel: Irmgard Keun, Hamburg 2001.
Alice Kessler-Harris: A Difficult Woman. The Challenging Life and Times of Lillian Hellman, New York, Berlin, London, Sydney 2012.
Irmgard Keun: Ich lebe in einem wilden Wirbel. Briefe an Arnold Strauss 1933 bis 1947, hrsg. von Gabriele Kreis und Marjory Strauss, Düsseldorf 1988.
Alexandra Lavizzari: Glanz und Schatten. Truman Capote und Harper Lee – eine Freundschaft, Berlin 2009.
Benjamin Lebert (Hrsg.): Ernest Hemingway und F. Scott Fitzgerald: Wir sind verdammt lausige Akrobaten. Eine Freundschaft in Briefen, Hamburg 2013.
Jean-Noël Liaut: Elsa Triolet et Lili Brik. Les soeurs insoumises, Paris 2015.
Gerda Marko: Schreibende Paare. Liebe, Freundschaft, Konkurrenz, Frankfurt am Main 1998
Dianne Middlebrook: Du wolltest deine Sterne. Sylvia Plath und Ted Hughes, Hamburg 2013.

»Schreiben ist wie ein Zuhause für mich.«

NICOLE KRAUSS

AUSGEWÄHLTE LITERATUR

Nicht aufgenommen sind Quellen aus dem Internet, insbesondere Interviews, Artikel und Berichte aus deutschen, englischen und französischen Zeitungen und Zeitschriften.

Edelgard Abenstein: Wir sind einfach unzertrennlich. Berühmte Frauen und ihre beste Freundin, München 2012.
Dominique Bona: Clara Malraux. Paris 2010.
Kathryn Chetkovich: Envy. In: The Guardian, 22. Juni 2003.
Joan Didion: Das Jahr des magischen Denkens, Berlin 2008.
Dorothy Gallagher: Lillian Hellman. An Imperious Life. New Haven und London 2014.
Ingeborg Gleichauf: Ingeborg Bachmann und Max Frisch. Eine Liebe zwischen Intimität und Öffentlichkeit, München 2013.
Claire Goll/Yvan Goll/Paula Ludwig: »Nur einmal noch werde ich dir untreu sein«. Briefwechsel und Aufzeichnungen 1917-1966. Herausgegeben und mit einen Nachwort versehen von Barbara Glauert-Hesse, Göttingen 2013.
Claire Goll: Ich verzeihe keinem. Eine literarische Chronique scandaleuse, München 1995.
Hiltrud Häntzschel: Irmgard Keun, Hamburg 2001.
Alice Kessler-Harris: A Difficult Woman. The Challenging Life and Times of Lillian Hellman, New York, Berlin, London, Sydney 2012.
Irmgard Keun: Ich lebe in einem wilden Wirbel. Briefe an Arnold Strauss 1933 bis 1947, hrsg. von Gabriele Kreis und Marjory Strauss, Düsseldorf 1988.
Alexandra Lavizzari: Glanz und Schatten. Truman Capote und Harper Lee – eine Freundschaft, Berlin 2009.
Benjamin Lebert (Hrsg.): Ernest Hemingway und F. Scott Fitzgerald: Wir sind verdammt lausige Akrobaten. Eine Freundschaft in Briefen, Hamburg 2013.
Jean-Noël Liaut: Elsa Triolet et Lili Brik. Les soeurs insoumises, Paris 2015.
Gerda Marko: Schreibende Paare. Liebe, Freundschaft, Konkurrenz, Frankfurt am Main 1998
Dianne Middlebrook: Du wolltest deine Sterne. Sylvia Plath und Ted Hughes, Hamburg 2013.

ISBN 978-3-85179-303-1

Alle Rechte vorbehalten

© 2016 by Thiele Verlag in der
Thiele & Brandstätter Verlag GmbH, München und Wien
Bildredaktion: Johannes Thiele
Gesamtgestaltung und Satz: Christina Krutz, Biebesheim am Rhein
Umschlagbild: Ernest Hemingway und Martha Gellhorn, © akg-images
Druck und Bindung: Theiss, St. Stefan im Lavanttal

www.thiele-verlag.com

Barbara Sichtermann: 50 Klassiker. Paare, Hildesheim 2000.
Volker Weidermann: Ostende. 1936, Sommer der Freundschaft, Köln 2014.
Edda Ziegler: Die verbrannten Dichterinnen. Schriftstellerinnen gegen den Nationalsozialismus, Düsseldorf 2007.
Frank Scott und Zelda Fitzgerald: Wir waren furchtbar gute Schauspieler. Audio-Book, Der Hörverlag 2014.

BILDNACHWEIS

Akademie der Künste (Bertolt Brecht Archiv): 192 (unten). Danielle van Ark: 235. Associated News: 123. Cecil Beaton: 105. VG Bild-Kunst: 193. Bridgeman Art Library (Clara Goldschmidt): 198. Corbis: 9. Deutsche Nationalbibliothek (Exilarchiv): 108 (Roth). Deutsche Presse-Agentur: 113. Interfoto: 188. Jill Krementz (1972): 32, 33, 35. ledauphine.com: 10. Peter Lofts Photography: 146. Gabriela Maj (PMC): 221 (oben). Denis Piel (Vanity Fair, 1983): 17, 28. Rue des Archives (Farabolafoto): 106 (unten rechts). Shutterstock.com: 27, 71, 101, 117, 145, 171, 207. Ullstein Bilderdienst: 82, 88, 108 (Keun), 130, 195, 196, 205. Urban Zintel: 7. Renaissance Books Archive: alle übrigen Bilder.

Trotz größter Sorgfalt konnten nicht alle Rechteinhaber der Abbildungen ermittelt werden. Der Verlag bittet, ihm Rechtsansprüche zur Kennnis zu geben, damit eine nachträgliche Lizenzhonorierung erfolgen kann.